国内水路运输管理条例

释义

顾问：安　建（国务院法制办公室副主任）
高宏峰（交通运输部副部长）
徐祖远（交通运输部副部长）
主编：赵晓光（国务院法制办公室工交商事法制司司长）
何建中（交通运输部党组成员、政策法规司司长）
宋德星（交通运输部水运局局长）

人民交通出版社

内 容 提 要

本书针对《国内水路运输管理条例》(以下简称《条例》)的条文,从诠释含义、普及知识、介绍历史沿革及现状情况、阐述政策背景及立法本意等角度,对《条例》中总则、水路运输经营者、水路运输经营活动、水路运输辅助业务、法律责任、附则六章所有条款进行了全面解读,对《条例》的立法精髓、内涵进行了深入阐释。本书由直接参与《条例》起草和审核工作的人员编写和审稿,因此不失为一部宣传、学习、理解、掌握、执行《条例》的较权威读物。

本书可供地方各级人民政府、各级交通运输主管部门及有关部门、水路运输管理机构、水路运输从业者和相关科研教学单位、社会各界人士学习和使用。

图书在版编目(CIP)数据

国内水路运输管理条例释义 / 赵晓光,何建中,宋德星主编. --北京 :人民交通出版社, 2012.10

ISBN 978-7-114-10145-8

Ⅰ.①国… Ⅱ.①赵… ②何… ③宋… Ⅲ.①水路运输管理-条例-法律解释-中国 Ⅳ.①D922.296.5

中国版本图书馆 CIP 数据核字(2012)第 245795 号

Guonei Shuilu Yunshu Guanli Tiaoli Shiyi

书　　名:国内水路运输管理条例释义
著 作 者:赵晓光　何建中　宋德星
责任编辑:张征宇　韩亚楠
出版发行:人民交通出版社
地　　址:(100011) 北京市朝阳区安定门外外馆斜街 3 号
网　　址:http://www.ccpress.com.cn
销售电话:(010) 59757973
总 经 销:人民交通出版社发行部
经　　销:各地新华书店
印　　刷:北京鑫正大印刷有限公司
开　　本:720×960　1/16
印　　张:15.5
字　　数:187 千
版　　次:2012 年 10 月　第 1 版
印　　次:2013 年 1 月　第 2 次印刷
书　　号:ISBN 978-7-114-10145-8
定　　价:48.00 元

《国内水路运输管理条例释义》编写委员会

顾　　问：安　建（国务院法制办公室副主任）

高宏峰（交通运输部副部长）

徐祖远（交通运输部副部长）

主　　编：赵晓光（国务院法制办公室工交商事法制司司长）

何建中（交通运输部党组成员、政策法规司司长）

宋德星（交通运输部水运局局长）

副 主 编：马森述（国务院法制办公室工交商事法制司副司长）

柯林春（交通运输部政策法规司副司长）

魏　东（交通运输部政策法规司副司长）

智广路（交通运输部水运局副局长）

统　　稿：黄克清（交通运输部管理干部学院副院长）

张林江（国家行政学院教授）

张雅萍（交通运输部政策法规司条法处处长）

编写人员：梅秀兵　樊春丽　马存增　郑　红　马　琳

罗德麟　杨华雄　翁笑冰　周　亮　杨海兵

李雪莲　张同戎　张立峰　张迎涛　李振斌

加强法制建设和管理创新　推进水路运输科学发展

(代序)

近日,温家宝总理签署国务院令,发布了《国内水路运输管理条例》(以下简称《条例》),自2013年1月1日起施行。《条例》的颁布实施,是我国交通运输法制建设的重要成果,对于推动水路运输科学发展,进一步开创我国现代交通运输发展新局面,具有重大现实和长远意义。

我国水运资源丰富,水路运输具有运能大、占地少、能耗低、污染小等特点,一直是客货运输的一种极为重要的方式,在我国综合交通运输体系中具有举足轻重的地位和作用。在相同运距运量情况下,水运能源消耗比公路、铁路等都有40%以上的降低。改革开放以来,我国水路运输业取得了长足发展,特别是近10年来,水路货物运输持续稳定发展,年平均增长率均保持在10%以上,对促进流域经济协调发展发挥了重要作用。2011年,全国完成水路货运量42亿吨、货物周转量7.5万亿吨公里,其中仅内河运输就完成货运量21亿吨、货物周转量6 565亿吨公里。长江干线已成为世界上运量最大、运输最繁忙的通航河流,货运量是密西西比河的2倍、莱茵河的3倍。与此同时,也要看到,我国水路运输还存在运输能力不足、增长方式粗放、运输市场经营不规范等问题,难以有效适应经济社会发展和人民群众生产生活的需要。

《条例》的颁布实施，有利于加快国内水路运输建设的步伐，充分发挥水运优势和潜力，促进水路运输结构调整，推进技术进步和节能减排，进一步提升水运发展的质量和现代化水平。《条例》的颁布实施，也有利于加强水路运输依法管理，进一步规范水路运输经营行为，加快形成统一规范、竞争有序的水路运输市场，保障国内水路运输安全，更好地为旅客、货主提供安全、便捷、优质、经济的服务。《条例》的颁布实施，充分体现了党中央、国务院对水运事业的高度重视和关心支持，是我国交通运输工作进一步走向法制化、科学化的重要标志。

《条例》共六章四十六条，主要有以下六个方面的亮点。**第一**，更加突出促进水运业结构调整和转型升级。比如，《条例》规定，国家运用经济技术政策等措施，支持和鼓励水路运输经营者实行规模化、集约化经营，促进水路运输行业结构调整；国家支持和鼓励水路运输经营者采用先进适用的水路运输设备和技术，采取资金补贴等措施，引导并鼓励经营者按照新的船型技术标准对在用船舶进行更新或改造。**第二**，更加突出加强行业监管。比如，《条例》要求行业主管部门加强市场分析、宏观调控、从严执法等手段，维护水运市场健康发展。**第三**，更加突出加强安全生产。比如，《条例》对水路运输企业和船舶管理企业配备相应的海务、机务管理人员、高级船员以及有健全的安全管理制度等方面都作出了明确规定。而且，为保障水路运输安全，可以在特定的旅客班轮运输和散装液体危险货物运输航线、水域暂停新增运力许可。**第四**，更加突出提高服务质量。比如，《条例》要求经营者坚持“依法经营、诚实守信”原则，建立经营者诚信管理制度，依法依约提供安全、便捷、优质的服务，保障旅客、货主的合法权益。**第五**，更加突出规范和减少行政审批。比如，《条例》精简规范了水运行政审批事项，船舶代理、水路旅客运输代理、水路货物运输代理等3项业务不再进行经营审批，同时细化了设立水路运输企业和船舶管理企业的许可条件，明确规定了审批程序和审批时效。**第六**，更加突出企业依法履行社会责任。比如，《条例》规定，当出现关系国计民生的紧急运输需求或发生突发事件时，应当优先运输需要紧急运输的人员、物资。

当前，受国内外经济环境的影响，水路运输行业发展面临着严峻复杂的形势。《条例》的颁布实施，是国内水运业依法发展科学发展的重要契机，各有关方面要认真落实《条例》的各项规定，形成推进水运业攻坚克难、加快发展的强大合力。要加大《条例》学习宣传的力度，在全社会进一步营造关心、支持水路运输事业发展的良好氛围。各级管理部门要认真履行职责，根据《条例》规定抓紧制定具体办法或实施方案，加强协调配合，切实做好行业监管、市场规范、服务提升等各项工作，推动水运事业健康平稳发展。水路运输经营者要依法规范经营，公平有序竞争，加快规模化、集约化发展，加快推进水路运输行业结构调整和转型升级，更好地服务国家经济社会发展。

《条例》的颁布实施，为我国水路运输依法发展、科学发展提供了坚强保障，成为我国交通运输工作与时俱进的新起点。我们要在以胡锦涛同志为总书记的党中央的坚强领导下，坚定信心、开拓进取、扎实工作，不断提高交通运输公共服务水平，为保障经济社会平稳较快发展和人民群众安全便捷出行作出积极贡献！

交通运输部部长 杨传堂

二〇一二年十月

目　录

第一章　总　　则

[本章提要] 本章共有五条，条文虽然不多，但却是统揽全篇、贯穿和决定整个条例基本导向的纲领性条文，是整个条例制度构建的思想基础。第一条规定了立法目的，第二条规定了适用范围，第三条规定了国家对水路运输市场的基本政策，第四条规定了水路运输管理体制，第五条规定了国家对水路运输市场的基本管理要求。

第一条　为了规范国内水路运输经营行为，维护国内水路运输市场秩序，保障国内水路运输安全，促进国内水路运输业健康发展，制定本条例。

【释义】本条规定了《国内水路运输管理条例》（下文简称《条例》）的立法目的。

立法目的，是制定《条例》的根本出发点和想要达到的目标。根据本条规定，制定本条例有四个主要目的：

一、规范国内水路运输经营行为，维护国内水路运输市场秩序

水路运输业务包括旅客运输、普通货物运输、危险品运输等，船舶管理、船舶代理、旅客运输代理、货物运输代理等水路运输辅助业务。规范水路运输市场经营主体的经营行为，维护旅客、货主的合法权益，建立良好的水路运输市场秩序已成为政府监管国内水路运输市场的根本目标，也是国内水路运输业健康、良好发展的根本保证。改革开放以来，随着国民经济的迅速发展，国内水路运输业也得到了蓬勃发展，国内水路运输市场经营主体数量日益增加，截至 2012 年 6 月，经营国内水路运输的航运企业6 866家，其中经营沿海运输的企业2 249家，内河运输企业4 617家。国内水路运输服务企业6 595家，其中船舶代理企业3 177家，客货运代理企业3 012家，船舶管理企业 406 家。内河个体运输经营者29 550户。

国内水路运输船舶运力快速增长，截至 2011 年底，全国拥有沿海及内河运输船舶合计 17. 67 万艘（14 560. 46万载重吨），船舶艘数仅为 1997 年的 67%，但载重吨位约是 1997 年的 5. 4 倍。其中，内河运输船舶 16. 58 万艘（8 779. 99万载重吨），单船平均载重吨位为 529 吨，是 1997 年的 6. 8 倍；沿海船舶 1. 09 万艘（5 780. 47万载重吨），单船平均载重吨位约为5 302吨，是 1997年的5. 8 倍。

市场经济是法治经济，正常的市场经济秩序，需要靠法律规范来建立和维护。《条例》在规范国内水路运输经营者的经营行为方面作出了若干规定。设立了专章（第二章　水路运输经营者）对国内水路运输经营者在依法取得许可的经营范围内经营、保证船舶适航，禁止超载运输，按照有关规定、质量标准及合同约定为旅客和货物提供良好服务并保证旅客和货物运输安全，遵守有关危险货物运输的规定，履行班轮运输经营者的相关义务，依法优先运送处置突发事件所需物资和设备，重点保障紧急、重要的军事运输和关系国计民生的紧急运输等方面，对水路运输经营者的经营行为作了规范。

二、保障国内水路运输安全

安全发展是经济发展和社会进步的前提。安全生产事关人民群众生命财产安全，事关改革开放、经济发展和社会稳定大局，事关党和政府的形象和声誉。随着经济发展和社会进步，全社会对安全生产的期待不断提高，这要求各地区、各部门、各单位必须始终把安全生产摆在经济社会发展重中之重的位置，自觉坚持科学发展、安全发展，把安全真正作为发展的前提，使经济社会发展切实建立在安全保障能力不断增强、劳动者生命安全和身体健康得到切实保障的基础之上，确保人民群众平安幸福地享有经济发展和社会进步的成果。

保障国内水路运输安全发展是新时期水运行业持续稳定发展的第一要求。随着经济社会和水运事业的快速发展，水路运输越来越繁忙，通航环境越来越复杂，加之近年来气候环境变化，极端天气频发，对做好水路运输安全工作提出了新的更高要求，保障安全的责任和任务越来越重。船舶数量的增加和船舶大型化趋势也增加了水路运输安全管理的难度和复杂度。截至2011年底，全国拥有水上运输船舶平均载重吨位1 186.35载重吨，比上年末增长17.3%；载客量100.84万客位，比上年末增长0.5%；集装箱箱位147.52万TEU，比上年末增长11.4%。必须更加清醒地认识国内水路运输安全形势，更加自觉地增强安全责任感，更加科学地把握国内水路运输安全发展规律，采取有力措施强化安全综合治理，落实安全生产责任制，从源头开始，加强全过程安全监管，保障国内水路运输安全发展。

《条例》将安全管理要求贯穿始终。如在申请水路运输业务经营和申请船舶管理业务经营许可时，将具备健全的安全管理制度作为许可条件之一；“水路运输经营者”一章中，对水路运输经营者在确保船舶适航、保证旅客运输以及危险货物运输安全方面重点作了规定；“法律责任”一章中，对水路运输经营者未按规定配备船员或者未履行船舶适航义务以及超载运输、违规运输危险货物行为都将依法进行处罚。

三、促进国内水路运输业健康发展

水运是国民经济重要的基础性和服务性行业，是我国综合运输体系的重要组成部分。我国内河水运资源丰富，改革开放以来，我国内河水运建设与发展取得了显著成绩，长江干线已成为世界上运量最大、运输最繁忙的通航河流，对促进流域经济协调发展发挥了重要作用。国内沿海运输业发展也取得了长足进步。2011 年，国内水路运输完成货运量达 36.2 亿吨，货运周转量达26 068亿吨公里，在综合运输体系中所占比重分别从 1987 年的 7.7% 和 13.0%，提高到 2011 年的 9.8% 和 16.4%。国内水路运输完成客运量 2.46 亿人次，客运周转量 74.53 亿人公里。

水路运输具有运能大、占地少、能耗小、污染轻、成本低等优势，是一种节约能源、保护环境的运输方式，对节能减排具有突出贡献，科学发展观更加提升了水运的地位和作用。当前，我国经济社会的快速发展与土地、能源等资源紧缺之间的矛盾日益突出，承受的环境压力也越来越大。因此，充分发挥水运在减少土地占用、降低能源消耗、加强环境保护等方面的重要作用，促进国内水路运输业健康发展是更好地服务国民经济快速发展和建设环境友好型、资源节约型社会的重大举措。

促进国内水路运输业健康发展是本《条例》的根本宗旨。本《条例》设立的市场准入制度，水路运输经营者需具备相应条件通过主管机关审批方可经营；宏观调控制度赋予主管机关可以在国内水路运输市场机制本身调节失灵时给予一定的行政和技术手段干预市场，引导其有序健康发展；规范经营者经营行为条款等。这些制度都是为了促进国内水路运输业健康发展。

第二条 经营国内水路运输以及水路运输辅助业务，应当遵守本条例。

本条例所称国内水路运输(以下简称水路运输)，是指始发港、挂靠港和目的港均在中华人民共和国管辖的通航水域内的经营性旅客运输和货物运输。

本条例所称水路运输辅助业务，是指直接为水路运输提供服务的船舶管理、船舶代理、水路旅客运输代理和水路货物运输代理等经营活动。

【释义】本条规定了《条例》的适用范围以及有关用语的含义。

一、适用范围

法律的适用范围，也称法律适用的效力范围，包括法律的空间效力范围、时间效力范围和对象效力范围、行为效力范围，也就是法律何地、何时、对何人何事具有约束力。

(一)空间效力范围与时间效力范围

空间效力范围，是指法律生效的空间范围。一般来说，各国都是依据维护国家主权和领土完整及国家统一的原则，确定法律的空间效力范围。通常而言，一个主权国家的法律适用其全部领土及主权管辖的其他范围。由于空间效力范围具有一定的普遍性，通常适用于本国境内，法律中都不加以规定，只有在需要作出特别规定时才加以规定。《条例》第二条第一款规定："经营国内水路运输以及水路运输辅助业务活动，应当遵守本条例。"这里虽然没有明确"在中华人民共和国境内"生效，但这是不言而喻的。根据香港、澳门基本法附件三中列明的延伸至香港、澳门生效的全国性法律外，《条例》对香港、澳门特别行政区不适用。

时间效力范围，是指法律生效的时间范围，包括生效时间、失效时间以及是否具有溯及力。《条例》第四十六条对《条例》的生效时间作了规定，即“本条例自 2013 年 1 月 1 日起施行”，未对失效时间以及是否具有溯及力作出规定。法律溯及力是指法律规范对其生效之前的行为和事件是否适用或者是否具有约束力。法律不溯及既往是一项重要的法律原则，除非有特别情况，现代法治国家都不承认法律溯及既往。我国的法律一般是没有溯及力的。《条例》施行前，行政机关应当做好有关准备工作，有立法权的机关应当通过法定程序清理、修改、废止与《条例》相抵触的行政法规、地方性法规、部门规章和地方政府规章。清理、修改、废止与《条例》不一致的行政措施，完善行政强制的实施程序，做好学习、宣传和培训工作。

(二)调整对象与适用范围

《条例》主要调整的对象理所当然是水路运输活动。根据《条例》第二条的规定，《条例》调整对象可以从三个方面理解：一是从《条例》规范的活动类型看，《条例》调整对象是包括国内水路运输以及水路运输辅助业务；二是从《条例》规范的活动范围看，《条例》调整对象是包括国内水路运输经营者以及水路运输辅助业务经营者的设立和国内水路运输以及水路运输辅助业务活动；三是从《条例》规范的主体看，《条例》调整对象主要是负责水路运输管理的部门、国内水路运输经营者和水路运输辅助业务经营者。

二、有关用语含义

(一)国内水路运输的含义

根据本条第二款的规定，国内水路运输有下几个方面的含义：

1. 始发港、挂靠港和目的港都在中国管辖的通航水域内。

这一规定主要是为了排除挂靠港或者目的港在中国管辖的

水域之外的运输。如一些邮轮运输,始发港和目的港都在我国国内港口,但航线途中挂靠了日本、韩国等国家的港口,此种水路运输不属于国内水路运输的范畴。又如国际货运班轮或者国际邮轮在国内多点挂靠时,其中的国内段运输仍然是国际运输,并非国内运输。

2. 经营性。

纳入本《条例》调整的国内水路运输业务,是指为社会提供服务,并产生费用结算的水路运输,不包括非经营性国内水路运输业务。非经营性水路运输,无论是私人游艇还是自货自运,都只是为自身生产、生活需求而使用船舶,并非为社会提供公共服务,故本《条例》不作调整。

3. 主要是指水路旅客运输和货物运输。

本《条例》根据运输对象的不同,将国内水路运输分为旅客运输和货物运输。

水路旅客运输,是指用船舶经水路将旅客从一港口运至另一港口的行为。载运旅客的船舶从一港口起运经水路回至原地点的行为视为水路旅客运输。

水路货物运输,是指用船舶经水路将货物从一港口运至另一港口的行为。

水路货物运输,又分为普通货物运输、散装液体危险货物运输等。

(二)水路运输辅助业务的含义

本《条例》调整的国内水路运输辅助业务包括船舶管理、船舶代理、水路旅客运输代理和水路货物运输代理等。即将船舶管理业和原水路运输服务业的内容全部纳入,统称为水路运输辅助业务。

船舶管理,是指船舶管理经营人根据约定,为船舶所有人或者船舶承租人、船舶经营人提供海务、机务等管理服务。

船舶代理,是指船舶代理机构接受船舶所有人、船舶经营人、承租人的委托，在授权范围内代表委托人办理与在港船舶有关的业务、提供有关服务的代理行为。

水路旅客运输代理和水路货物运输代理，是指代理人接受旅客或者托运人、收货人的委托，在授权范围内代表委托人办理有关客运、货运业务、提供有关服务的代理行为。

水路运输辅助业务是伴随着水路运输业的发展而衍生出来的，主要为国内水路运输提供辅助性服务的相关业务。水路运输业经过几十年的蓬勃快速发展，相关辅助业的种类和规模也得到了发展和壮大。当前，船舶管理、船舶代理、水路旅客运输代理和水路货物运输代理等水路运输辅助业已经成为水路运输业不可分割的组成部分，为推动水路运输业的快速发展发挥了巨大作用。其健康发展与否直接影响水路运输业能否稳定和健康发展。对水路运输辅助业务进行规范和管理，也成为水运管理业务的重要组成部分。交通部[①]先后发布了《中华人民共和国水路运输服务业管理规定》（交通部令 1998 年第 6 号）、《国内船舶管理业规定》（交通部令 2001 年第 3 号）对相关活动进行规范和管理。

除传统运输辅助业务外，近年来，船舶交易、航运经纪等业务形态在航运界兴起，这些新兴业务是适应国内水路运输市场的发展需求应运而生，是现代水路运输辅助业务的代表，虽然没有列明，但包括在水路运输辅助业务之中。交通运输部及地方交通运输主管部门在不同层面制定了相关规范性文件对这些新兴业务进行调整。考虑到对这些新兴业务的管理制度尚不成熟，不宜在水路运输行业做统一规定，故《条例》暂不做调整。但是，随着这些业务的发展，管理经验的不断总结，交通运输部可以根据《条例》对这些业务作出具体的管理规定（第三十二条）。

注：①交通部现已更名为交通运输部，后同。

第三条 国家鼓励和保护水路运输市场的公平竞争，禁止垄断和不正当竞争行为。

国家运用经济、技术政策等措施，支持和鼓励水路运输经营者实行规模化、集约化经营，促进水路运输行业结构调整；支持和鼓励水路运输经营者采用先进适用的水路运输设备和技术，保障运输安全，促进节约能源，减少污染物排放。

国家保护水路运输经营者、旅客和货主的合法权益。

【释义】本条是关于国家有关公平竞争、保障安全、节约能源和环境保护的政策规定，目的是促进国内水路运输行业的健康、长远发展。

一、国家关于水路运输市场的基本竞争政策

国家禁止垄断和不正当竞争行为，鼓励和保护水路运输市场的公平竞争行为。1993 年，为保障社会主义市场经济健康发展，鼓励和保护公平竞争，制止不正当竞争行为，保护经营者和消费者的合法权益，中华人民共和国主席令第六十八号公布了《中华人民共和国反不正当竞争法》，同年 12 月 1 日起施行。2007 年，为了预防和制止垄断行为，保护市场公平竞争，提高经济运行效率，维护消费者利益和社会公共利益，促进社会主义市场经济健康发展，中华人民共和国主席令第十号公布了《中华人民共和国反垄断法》，于 2008 年 8 月 1 日起实施。这两部法律对不正当竞争和垄断行为进行了界定并规定了严厉的处罚措施。我国仍处在社会主义市场经济初级阶段，一些形形色色的垄断和限制竞争行为不仅损害企业和消费者的利益，而且阻碍国家经济和技术的发展。国内水路运输业要想健康发展，必须禁止不正当竞争行为和垄断行为。只有创造公平竞争的环境，才能保障水路运输业健康稳定可持续的发展。

维护市场秩序、促进公平竞争是行业管理的重要内容,也是交通运输主管部门的职责所在,各级交通运输主管部门应当依照国家相关法律的规定和法定职责内容,加强水路运输市场监管、规范市场主体经营行为,维护水运市场秩序,培育公平公正、健康有序的水运市场。

二、国内水运行业发展的鼓励政策

交通运输是国民经济的基础性和服务性行业,切实加快交通运输业发展方式的转变,对于促进现代交通运输业的可持续发展,为全面建设小康社会当好先行,推动社会主义现代化建设,都具有重要意义。推进水路运输业结构调整是转变交通运输业发展方式、促进交通运输业科学发展的重要举措。水运业当前仍处于发展的重要战略机遇期,但也面临风险和挑战,特别是当前的航运形势十分严峻,需要我们加快转变水运发展方式,在发展中促转变、在转变中谋发展,加快结构调整步伐,实现由传统产业向现代水路交通运输业转型,适应经济社会发展的新要求,大力发展现代水路交通运输业,加快运输装备结构优化升级,促进现代物流发展和综合运输体系建设,提升水运发展的质量、效益、竞争能力和服务水平,促进水运安全绿色发展。新时期,国家将采用经济、技术政策等多种手段引导水路运输业结构调整,促进水运业均衡平稳发展。

(一)集约化、规模化经营是提高水路运输经济效益和社会效益的有效手段,国家鼓励企业进行集约化、规模化经营。

集约是相对粗放而言的,集约化经营指在社会经济活动中,在同一经济范围内,通过经营要素质量的提高、要素含量的增加、要素投入的集中以及要素组合方式的调整来增进效益的经营方式。集约化的“集”就是指集中集合人力、物力、财力、管理等生产要素,进行统一配置;集约化的“约”是指在集中、统一配置生产要素的过程中,以节俭、约束、高效为价值取向,从而达到降低成本、高效管理，进而使企业集中核心力量，获得可持续竞争的优势。简言之，集约化经营是以效益（社会效益和经济效益）为根本对经营诸要素重组，实现最小的成本获得最大的投资回报。集约化经营是调整水路运输结构、降低水路运输成本、促进产业结构升级、提高运输效率的重要手段，更是推进水路运输节能减排的重要途径。集约化经营的手段有很多，如走专业化发展道路，提供网络化运输，创新管理模式，进一步优化运输方式和结构等，既能提高水路运输企业的经济效益，又能达到节能减排的目的，从而实现企业经济效益和社会效益的统一。

规模化经营是企业提高市场竞争能力和增强抵御市场风险能力的有效手段。企业通过走规模化发展道路，加强组织协调和内部管理，整合各种资源，发挥整体优势，提高专业化水平，节省资源和运输成本、减少询价成本等，获取规模效益。鼓励水路运输企业规模化经营，有利于培育水路运输龙头企业，提高水路运输企业以及行业的竞争力，提高抵御市场风险的能力，充分发挥水路运输业的整体效益，更好地推进资源节约型、环境友好型社会建设，为国民经济发展提供更好服务。

（二）国家采取经济技术政策等措施鼓励水路运输经营者采用先进适用的运输装备和技术，保障安全、节约能源、保护环境。

国内水路运输业首先要安全发展，《条例》对国内水路运输经营者从人员、船舶、安全管理制度等各方面予以规定。节约能源、保护环境是关系我国经济社会发展全局的重大战略问题。随着我国经济的快速发展，能源资源不足以及生态环境恶化的矛盾日益显现，巨大的能源供需矛盾和环保压力迫使我们必须走节约能源、保护环境的道路。水路运输业本身具有能耗小、运量大、成本低、占地少等优点，在大力发展水路运输业的同时，仍要坚定不移地贯彻党中央国务院关于节约能源、保护环境的大政方针，国家鼓励并引导企业推广使用有利于保障安全、节约能源、保护环境的新技术、新材料、新设备、新工艺，有利于水路运输业的可持续发展，有利于构建资源节约型、环境友好型社会。《条例》结合社会发展新形势作出此规定，有利于鼓励企业积极使用有利于节能环保的新设备新技术。

三、国家保护水路运输市场经营主体和服务对象的合法权益

保护公民、法人和其他组织的合法权益，是公共行政或者行政权力的一个重要使命，是依法行政所追求的最终目标。维护人民群众利益，以人为本，是《条例》坚持的基本理念和制度构建重点。主要体现在两个方面：一是保护水路运输经营者的合法权益；二是保护水路运输旅客和货主的合法权益。这一规定，有利于提高水路运输经营者的安全意识和服务意识，提升水路运输服务能力和水平，构建水路运输经营者与旅客、货主之间的和谐关系，促进水路运输行业健康发展。

第四条　国务院交通运输主管部门主管全国水路运输管理工作。

县级以上地方人民政府交通运输主管部门主管本行政区域的水路运输管理工作。县级以上地方人民政府负责水路运输管理的部门或者机构（以下统称负责水路运输管理的部门）承担本条例规定的水路运输管理工作。

【释义】本条是关于主管机关及其职责的规定，目的是明确水路运输管理体制以及职责范围。

原《条例》于1987年颁布施行，至今已25年。25年来，国家法制建设及经济社会管理飞速发展，取得了巨大进步。我国水运行业管理在管理理念、管理方式及管理手段等方面都相应发生了重大转变，并在实践中不断检验、调整，形成了行业管理的

新思路、新方法。为了更好地适应国家经济社会发展要求,促进水运行业科学发展、安全发展,本《条例》在总结多年来水运管理工作实践的基础上,意图通过调整管理职责,改革管理方式,更加深入推动水运行业管理转型。

一、国务院交通运输主管部门的职责

本条第一款"国务院交通运输主管部门主管全国水路运输管理工作",是关于全国水路运输管理主管部门的规定。

本条所称国务院交通运输主管部门即中华人民共和国交通运输部,是水路运输行业的主管部门。按照国务院办公厅2009年3月2日印发的《交通运输部主要职责内设机构和人员编制规定》(国办发〔2009〕18号)的规定,交通运输部承担着水路运输市场监管责任,组织制定水路运输有关政策、准入制度、技术标准和运营规范并监督实施。

本条例第八条、第十条、第二十三条、第三十五条等分别规定了交通运输部在行政许可、宏观调控、市场分析、紧急运输、法律责任等方面的管理职责。

交通运输部长江航务管理局和交通运输部珠江航务管理局是交通运输部的派出机构。交通运输部长江航务管理局行使长江干线(云南水富—上海长江口,干线航道里程2 838公里)航运行政主管部门职责。交通运输部珠江航务管理局是交通运输部在珠江水系的派出机构,对珠江内河行使行政主管部门职责。主要职责为规划、协调、监督、服务。

二、地方各级交通运输主管部门职责

本条第二款第一句"县级以上地方人民政府交通运输主管部门主管本行政区域内水路运输管理工作"是对地方人民政府水路运输主管部门的规定。所称县级以上交通运输主管部门,是指县级以上人民政府的交通运输厅、局、委。县级以上交通运输主管部门在本级人民政府和上级人民政府交通运输主管部门指导下，依法负责本行政区域内的水路运输管理工作，对本条例在本行政区域内的贯彻执行进行管理、协调和监督。这样规定的本意，是明确水路运输管理原则上遵照属地管理的规定，由地方交通运输主管部门主管水路运输管理工作。所谓原则上遵照属地管理的规定，是指中央管理的水域是属地管理的例外规定，也就是由交通运输部长江航务管理局和交通运输部珠江航务管理局分别行使的长江干线及珠江水系航运管理职能。

三、交通运输管理部门和水路运输管理机构两者关系

本条第二款第二句“县级以上地方人民政府负责水路运输管理的部门或者机构（以下统称负责水路运输管理的部门）承担本条例规定的水路运输管理工作”，是对交通运输管理部门和水路运输管理机构两者关系定位的规定。这一句的内涵非常丰富，总体意思是：县级以上地方人民政府交通运输主管部门没有设立水路运输管理机构的，由交通运输主管部门承担水路运输管理工作；设立了水路运输管理机构的，则应当按照地方人民政府及编办所确定的水路运输管理机构的职责范围，与交通运输管理部门分别在职责范围内履行水路运输管理责任。负责水路运输管理的部门或者机构统称为“负责水路运输管理的部门”。在具体到条例中涉及管理职责的相关条款中，除明确由国务院或者地市级以上交通运输主管部门行使的职责外，都应当按照职责法定的原则，分别由交通运输主管部门与水路运输管理机构在职责范围内履行水路运输管理责任。其中，交通运输主管部门的管理侧重于宏观管理，水路运输管理机构则侧重于具体事务的管理。

（一）关于水路运输管理机构的基本情况

原《条例》（1987 年）第四条规定，“各地交通主管部门主管本地区的水路运输事业。各地交通主管部门可以根据水路运输

管理业的实际情况,设置航运管理机构。”是否设置水路运输管理机构,由各级人民政府交通运输主管部门根据当地水路运输发展的实际需要提出申请,由地方政府决定。将水路运输管理机构明确设置在交通运输主管部门,既可以保证水路运输管理体制的完整性,充分发挥水路运输管理机构的作用,也有利于较好地协调交通运输主管部门与水路运输管理机构的关系,实现水路运输管理工作的高效、统一。1987 年以来,各地根据水路运输管理的实际需要,经地方人民政府批准,大都设置了水路运输管理机构,作为独立事业单位行使水路运输行政管理职能,具体负责当地水路运输管理。从省级层面看,港澳台之外大陆的 31 个省(自治区、直辖市)均有开展水路运输业务,除北京市、广东省由省级交通运输主管部门的内设机构履行水路运输管理职能外,其余 29 个省(自治区、直辖市)均设有独立的水路运输管理机构负责水路运输管理工作,占比达 93.5%。地市级层面,全国有水路运输业务的市(地、州、盟)为 328 个,其中,设立水路运输管理机构的为 280 个,占比达 85%。县级层面,全国有水路运输业务的县(市、区、旗)为1 684个,其中设立水路运输管理机构的为1 213个,占比达 72%。多年来,在水路运输管理中发挥了十分重要的作用,已成为水路运输事业发展中的主力军。因此,本条第二款第二句的本意,仅是根据已有的水路运输管理机构的现状,对其主体资格和法律地位予以了明确,并不需要据此新设立机构。

(二)关于水路运输管理机构的行政主体资格

本条第二款第二句“县级以上地方人民政府负责水路运输管理的部门或者机构(以下统称负责水路运输管理的部门)承担本条例规定的水路运输管理工作”,这实际上是对水路运输管理机构的一个授权性条款,对水路运输管理机构的行政执法主体地位和资格进行了授权和明确。这意味着通过行政法规的授权,水路运输管理机构具有独立的行政主体资格,以自己的名义实施行政执法权,包括行政许可、行政处罚及其他行政管理行为。这里对水路运输管理机构的法律地位予以明确，主要基于以下考虑：

1. 当前大部分有水路运输业务的省、区、市、县都设置了水路运输管理机构，行政法规对其直接授权符合现实情况。

2. 本《条例》对水路运输管理机构的授权适应《中华人民共和国行政许可法》(2003 年主席令 7 号)和《中华人民共和国行政处罚法》(1996 年主席令第 63 号)的要求。《中华人民共和国行政许可法》和《中华人民共和国行政处罚法》对行政处罚、行政许可的实施机关作了较为严格的规定。根据上述法律规定，非行政机关的具有公共管理职能的组织只有法律、法规作出明确授权的情况下方可以自己的名义实施行政处罚和行政许可。其中，《中华人民共和国行政处罚法》允许行政机关委托这类组织以该行政机关的名义实施行政处罚，但根据《中华人民共和国行政许可法》的规定，行政许可不能委托这类组织实施。由于目前各级交通主管部门已经设置了水路运输管理机构，并在水路运输管理中发挥了十分重要的作用，本条例对水路运输管理机构进行直接授权，既能适应现实情况，也能适应《中华人民共和国行政许可法》、《中华人民共和国行政处罚法》等法律的要求。

3. 有利于实现责权一致，强化水路运输管理机构的责任感。国内水路运输市场的监管职责很大部分在地方各级交通运输主管部门，而承担具体执法工作的是水路运输管理机构。但是由于这些机构大多是事业单位，不是行政机关，如果没有法律、行政法规直接授权，在实施行政许可、行政处罚等方面不能以自己的名义实施，将会形成实际工作由水路运输管理机构承担，但加盖交通运输主管部门的印章、责任由交通运输主管部门承担的状况。这在一定程度上会造成责权不统一，不利于强化责任感，增加行政环节和行政成本，影响行政效率。因此，《条例》直接授权水路运输管理机构以执法主体的地位和权利，有利于使其更好地履行水路运输监管职责。

4. 能够较好地与地方立法和今后改革相衔接。据了解，已有十余个省份通过地方立法授权水路运输管理机构具体实施水路运输管理工作。《条例》对机构予以直接授权，使这些已有的地方立法与《条例》较好地衔接，有效性得以延续。水路运输管理机构目前大部分是承担行政管理职能的事业单位，如果按照事业单位改革的大方向，这些管理机构转变为行政机构，按照目前的表述也不会产生矛盾，这就为今后改革留有了空间。

（三）水路运输管理机构的职责

本条例第八条、第十四条、第二十七条、第五章等分别规定了水路运输管理机构在行政许可、行政处罚方面的职责。设置水路运输管理机构的地方，除了明确由交通运输主管部门履行的职责外，都可以由水路运输管理机构具体实施上述职责。

第五条　经营水路运输及其辅助业务，应当遵守法律、法规，诚实守信。

国务院交通运输主管部门和负责水路运输管理的部门应当依法对水路运输市场实施监督管理，对水路运输及其辅助业务的违法经营活动实施处罚，并建立经营者诚信管理制度，及时向社会公告监督检查情况。

【释义】本条规定了对调整对象行为规范的要求，以及主管部门（机构）的监督管理义务。

一、本条第一款明确了水路运输及其辅助业务经营者的经营行为应当遵守法律、法规的有关规定，并诚信经营

这是对水路运输及其辅助业务经营者合法经营和诚信经营的要求。合法、诚信经营，是社会主义市场经济条件下对市场主体提出的基本要求，市场经济是法制经济，市场经营主体必须严格遵守有关法律法规,遵守一切市场经济规则,才能推动市场经济的健康发展,所有的违法经营行为将受到严惩。但我国的市场经济环境还不够成熟,法制建设还不够完善,加上"重审批、轻监管"的现象较普遍,这更需要市场主体自觉依法、合法、守法经营,重合同、守信用,自觉保持经营资质条件、保障安全措施、保证服务质量,共同创造良好的市场竞争环境,促进社会主义市场经济的健康发展。

二、本条第二款明确了各级交通运输主管部门、水路运输管理机构对水路运输市场的监督管理职责,以及对水路运输及其辅助业务的违法经营活动实施处罚的职责

本条第二款明确了各级交通运输主管部门和水路运输管理机构作为国内水路运输市场的监督管理主体。长期以来,基于各种原因,水路运输管理中"重审批、轻监管"现象较普遍,首先是在法律法规的条文中对监督管理的规定相对弱化,导致监督管理工作开展起来除了处罚外缺少操作性较强的市场监管手段,再加上主管部门人手少、业务工作量大,用于监督检查水路运输市场的时间和精力较少,这就造成市场主体履行完准入手续进入市场后接受监管机关的检查和监督较少。一些违法经营行为不能被及时发现和制止,扰乱了市场秩序,影响了国内水路运输市场的健康发展。

本条款在原《条例》的基础上强化了水路运输主管部门和机构对水路运输市场的监管职责,强化了监督检查的手段和措施,如建立诚信管理制度,设立专章(第三章)对水路运输经营活动作了要求,"法律责任"一章对企业的违法行为制订了较为严厉的行政处罚措施。意图通过这些制度的建立改变水运管理"重审批、轻监管"的现状,主管部门能从艰巨、繁重的行政审批事务中解脱出来,更加重视主体进入市场后的经营行为的监管,确保市场主体合法、规范经营,推动国内水路运输市场健康、有序发展。

按照本条第二款的规定，水路运输主管部门和机构应当依法对水路运输市场实施监督管理，并对水路运输及其辅助业务的违法经营活动实施处罚。对水路运输市场的监管，主要是对水路运输及辅助业务经营主体经营行为的规范和监督管理，对经营主体的违法行为包括不正当竞争行为及时进行调查、制止和处罚，还包括引导水路运输市场运力结构调整，加强宏观调控等，以维护健康、良好的水路运输市场秩序。

三、本条第二款同时明确了水路运输主管部门建立诚信管理制度和向社会公告的职责

2002 年，党的“十六大”指出，要“健全现代市场经济的社会信用体系”。十六届三中全会对此进行了补充，进一步提出以道德为支撑、产权为基础、法律为保障的社会信用制度是建设现代市场体系的必要条件，也是规范市场经济秩序的治本之策，要“加快建设企业和个人信用服务体系，建立信用监督和失信惩戒制度，逐步开放信用服务市场”。我国“十一五”规划又部署要以完善信贷、纳税、合同履约、产品质量的信用记录为重点，加快建设社会信用体系。2007 年，国务院办公厅发布了《关于社会信用体系建设的若干意见》，其中谈到行业信用建设“对于促进企业和个人自律，形成有效的市场约束，具有重要作用”，“国务院有关部门要根据职责分工和实际工作需要，抓紧研究建立市场主体信用记录，实行内部信用分类管理，健全负面信息披露制度和守信激励制度，提高公共服务和市场监管水平”。建立水运行业诚信管理制度正是对这一部署的贯彻落实，也是我国水运行业持续健康发展的现实需求。

诚信管理制度是经实践检验的水路运输主管部门对市场进行监管的一种有效手段。近年来，交通运输部研究建立了国内水路运输诚信管理制度，江苏、浙江、安徽等省份也出台了水路运输诚信企业管理办法，实施效果较好，水运工程建设市场也建

立了诚信管理制度，对促进市场经营主体的行为规范和诚信、合法经营起到了积极作用。

参照水运建设市场信用管理实践以及其他行业、地方在信用管理方面的经验，水路运输市场经营者诚信管理制度主要包括以下几方面的内容：经营主体诚信评估指标体系、诚信征集机制、诚信评定机制、诚信奖惩机制等。

交通运输主管部门和水路运输管理机构作为国内水路运输管理部门，应积极研究建立水路运输经营者诚信管理制度，搭建诚信管理的信息平台，并有义务向社会公告其监督检查的情况。本条款规定交通运输主管部门、水路运输管理机构应向社会公告监督检查情况，其一是让社会公众了解市场主体的经营行为情况，是否是诚信、合法经营；其二是对主管机关履行水路运输管理监督检查职责工作的有效监督，主管机关是否主动作为，是否对水路运输市场实施了有效的监督检查。

第二章　水路运输经营者

[**本章提要**] 本章共十一条，就水路运输经营主体和船舶应具备的许可条件、取得经营资格的许可程序、终止经营应履行的手续、国务院交通运输主管部门在船舶运力方面的调控措施和经济技术政策，以及外国经营者和外国籍船舶从事国内水路运输的政策等进行了规定。根据《中华人民共和国行政许可法》的规定，设定行政许可，应当规定行政许可的实施机关、条件、程序、期限等。《条例》第六条、第七条、第八条建立了水路运输经营者的许可制度，一方面作为主管部门实施水路运输市场准入许可的法律依据，另一方面具体规定了许可的条件、程序和期限。其中，《条例》第六条是对国内水路运输经营主体应具备的许可条件作出的一般性要求；第七条是对个体工商户从事国内水路运输经营的特殊性要求；第八条规定了水路运输市场准入的许可机关、程序和期限；第九条规定了各级交通运输主管部门应当加强统计和市场调查，定期向社会公布运力供求信息；第十条赋予了国务院交通运输主管部门在特殊情况下对旅客班轮运输和散装液体危险品运输暂停许可的权利，并对采取这些调控措施的前提条件和程序作出了具体规定；第十一条是对外国经营者从事国内水路运输的禁止性规定；第十二条规定了经营者终止经营应办理的有关手续；第十三条规定了经营者投入运营的船舶应当符合的条件；第十四条是对船舶营运证件的取得、使用和监督检查的具体规定；第十五条规定了主管部门可以通过

经济鼓励措施,提高船舶的技术水平;第十六条是对外国籍船舶临时从事国内运输的特殊性规定。

水路运输是一种传统的运输方式,也是综合运输体系中不可或缺的一种运输方式,在国民经济中发挥了十分重要的作用,具有鲜明的特点和特殊性。

从技术性能上来看,水路运输的主要优点表现在以下方面:①运输能力大。船舶可供货物运输的舱位及装载量比陆地和空中运输都要大。以石油运输为例,现有的超大型油船每次运载的原油数量可以高达30万吨以上。而在长江干线,一只拖驳或推驳船队的运载能力就可超过万吨。②在运输条件良好的航道,船舶的通过能力几乎不受限制。江、河、湖、海及人工水道,已将内陆经济腹地与世界连通。一般来说,水运系统综合运输能力主要由船队的运输能力和航道、港口的通行能力所决定。③通用性能好,可以运输各种货物。水路运输的主要货物,以煤炭及其制品、石油天然气及其制品、矿石、钢材、建筑材料、粮食和集装箱为主,特别适用于大宗货物的运输。

从经济指标上来看,水路运输的主要优点表现在以下方面:①运输投资少。水路运输可利用天然水道,除必须投资的各种船舶、港口设施外,沿海航道几乎不需投资,同等里程条件下内河航道建设投入也比铁路、公路有优势,且几乎不新占用土地,节约了土地资源,尤其是在山高沟深的广大中西部地区,水运的比较优势更加明显。②运输成本低。水路运输是所有运输方式中最为经济的运输方式。大宗货物运输中,水运所消耗的能源最少,其单位运输成本约为铁路运输的1/25~1/20、公路运输的1/100。③续航能力大。一艘大型船舶出航,所携带的燃料、食物和淡水,可供数十日的消耗,这是其他运输方式无法相比的。而且,现代化的船舶还具有可供人独立生活的种种设备,如发电、淡水制造等,使船舶的续航能力、运输距离大大延长。

当然,水路运输也有其自身的不足:①运输速度较慢,船舶的平均航速较低。②受气候和航道、港口的限制,可及性较低。水路运输易受气候、季节条件的影响,船舶遇暴风雨需及时躲避以防损害,枯水季节也无法通行。另外,水路运输还会受到河流通航条件及河岸和港口条件的限制。③船舶投资和港口建设投资巨大。水路运输经营者订造或购买船舶需要花费大量的资金回收期较长,且船舶很少移作他用。一些大型港口基础设施的修建费用巨大。④水上运输具有一定安全风险。受水上运输条件影响,以及应急、搜救等方面的限制,水路运输一旦发生事故,人民的生命和财产损失较大,对环境影响大。

自新中国成立以来,我国水路运输业的发展总体分为两个阶段:计划经济体制和改革开放之后逐步向市场经济的转变。在计划经济时期,水路运输实行严格的国家管制生产、用计划配置资源的方式。水路运输计划由各级交通运输主管部门综合平衡。地方水运企业从事省际运输的均参加国务院交通主管部门定期召开的货源平衡会,按照计划从事水路运输。

改革开放以后,交通部认真贯彻落实党中央提出的"对外开放、对内搞活"的方针政策,打破航运业传统的计划运输体制,航运业由国家高度计划控制逐步变化为市场配置资源,由单纯国有航运企业主体逐步变化为国有、民营、个体、外资等多种经济成分并存,水路运输逐步实现了向市场化发展。改革开放以来,水路运输业得到了长足发展。1983 年起,交通部出台"有水大家行船,各地区、各部门、各行业一起干,国有、集体、个体一起上"的水运发展政策,水运得到了快速发展。1987 年 5 月 12 日,国务院发布了《中华人民共和国水路运输管理条例》,规范水路运输经营活动,保护水路运输各相关方的合法利益,制止非法经营。交通部于同年 9 月 22 日发布了《中华人民共和国水路运输管理条例实施细则》,自当年 10 月 1 日起和《条例》同步实施。受当时水运市场经济发展程度和认识水平所限,这两部法规虽

2

然向市场化方向迈出了重要步伐，但仍然具有较强的计划经济色彩，其中的某些规定与日后市场的变化存在一定的不适应。2001年5月1日，在国内水路客货运输实际上已经实现市场定价的情况下，国家决定放开水路客货运价，实行市场调节价，充分发挥价格杠杆对航运市场资源的配置作用，标志着水路运输市场化格局的基本形成。进入新世纪以来，交通部还颁发了《关于航运业结构调整的意见》，目标是实现船舶大型化、船队专业化、企业经营集约化、内河船舶标准化，使航运企业科技创新能力、市场竞争能力、抵御风险能力明显增强；调整船队结构，建成国内大型集装箱、原油、液化气、散货船队，船舶平均吨位、船舶技术水平普遍提高，初步实现内河船舶标准化。

目前，水路运输经营主体具有多元化发展的特征。1987年国务院颁布《中华人民共和国水路运输管理条例》之前，北方非水网地区沿海运输均为国有企业或集体企业，均按计划运输，且政企不分，南方水网地区内河运输个体经营者较为常见，多为一家一户一条船。1998年，国家推动国有企业改革后，交通运输系统国有企业纷纷改革转制。中央和地方各级交通部门先后与直属航运企业脱钩，绝大多数中小型国有航运企业进行了股份制改造，部分转变为民营企业。大型骨干航运企业改制后，分别组建了中国远洋运输（集团）总公司、中国海运（集团）总公司、中国对外贸易运输（集团）总公司、中国长江航运（集团）公司等公司，后又逐步上市，成为上市股份有限公司，股权结构实现多元化，经营管理实现市场化。随着社会主义市场经济体制逐步确立，民营资本逐步进入水运市场，给水运市场带来繁荣。2001年，《国内船舶运输经营资质管理规定》出台，鼓励和引导国内水路运输经营者实施公司化经营，一些内河个体运输户转变成了航运公司。近年来，国内航运规模化、集约化经营趋势明显，公司化经营和改造步伐加快。沿海航运企业基本实现公司化经营。内河个体普通货船运输的企业化经营步伐也在加快，以个体方式经营的内河船舶数量下降较为明显。

目前，从数量上看，国有和国有控股航运企业已不足全国航运企业总数的10%，但以中国远洋运输（集团）总公司、中国海运（集团）总公司、中国外运长航（集团）公司等为代表的骨干国有航运企业，在国内水路运输中仍然发挥着重要作用，船舶运力完成的运量中仍占较大份额。2011年底，中国海运（集团）总公司从事沿海运输业的船队以1 093.3万载重吨的规模位列全国第一，中国远洋运输（集团）总公司沿海船队规模达到282.2万载重吨，位列第二。民营航运企业的船舶运力规模也在不断增加，福建国航远洋运输（集团）股份有限公司沿海船队以194.5万载重吨的规模位列第三，德勤集团股份有限公司船队规模扩张迅猛，其国内沿海船队以160.5万载重吨的运力规模跃居第四位。

近年来，每年新获准进入国内沿海及内河航运市场的企业数量分别在200家以上，新设立的航运企业中90%以上都是民营企业。截至2012年6月，全国经营国内水路运输的航运企业达到6 866家，其中经营沿海运输的企业2 249家，内河运输企业4 617家。内河个体运输经营者减为29 550户。

第六条　申请经营水路运输业务，除本条例第七条规定的情形外，申请人应当符合下列条件：

（一）具备企业法人条件；

（二）有符合本条例第十三条规定的船舶，并且自有船舶运力符合国务院交通运输主管部门的规定；

（三）有明确的经营范围，其中申请经营水路旅客班轮运输业务的，还应当有可行的航线营运计划；

（四）有与其申请的经营范围和船舶运力相适应的海务、机务管理人员；

（五）与其直接订立劳动合同的高级船员占全部船员的比例符合国务院交通运输主管部门的规定；

（六）有健全的安全管理制度；

（七）法律、行政法规规定的其他条件。

【释义】本条是对从事国内水路运输经营主体许可条件的一般性要求，从主体的法律地位、运力规模、主要管理人员和自有高级船员配备、安全管理制度等方面作出了具体规定。

一、关于经营国内水路运输业务设定行政许可的必要性

行政许可是对特定活动的事前控制，是现代国家管理的一项重要手段，已被世界各国广泛地运用于经济、社会、文化等各个领域。改革开放以来，行政许可制度对于维护公民人身财产安全和公共利益，加强经济宏观管理，保护并合理分配有限资源等都发挥了重要的作用。《中华人民共和国行政许可法》第十二条第一款第一项明确规定，直接涉及国家安全、公共安全、经济宏观调控、生态环境保护以及直接关系人身健康、生命财产安全等特定活动，需要按照法定条件予以批准的事项，可以设定行政许可。国内水路运输行业实行许可管理主要基于如下考虑：

（一）是保障运输安全的需要

水路运输关系人命、财产安全和水环境保护，经营者的经营管理水平直接关系航运安全状况。根据《中华人民共和国公司法》及工商企业注册管理相关规定，近年来，公司的注册资本要求不断降低（目前有限责任公司最低注册资本仅 3 万元），这显然不能满足水路运输企业不断提高安全管理水平和加强风险控制的要求。同时，水路运输作为专业性很强的行业，必须通过配备专业人员、建立安全管理制度来实现。因此，有必要通过设立许可条件，提高市场准入门槛，保障运输安全。

（二）是转变经济发展方式的要求

设立航运企业运力规模最低标准,是"调整经济结构、转变发展方式"在国内水路运输行业的具体体现。目前,国内水路运输企业有6 000多家,运输船舶17万艘,除部分大型企业外,多数规模较小,竞争能力不强,管理水平不高,发展方式粗放。因此,有必要设立一定的航运企业市场准入门槛,从而提高国内航运企业的整体竞争力和服务水平,促进产业升级,实现发展方式从粗放增长向提高质量的转变,节约社会资源,促进节能减排,保障运输安全,为国民经济又好又快的发展提供交通运输保障。

(三)符合国际惯例

实施国内水路运输市场准入许可,是国际上主要航运国家的普遍做法。美国从20世纪30年代经济大危机后,政府开始对海运业实施管制,建立了市场准入许可。日本在1953年颁布的《内航海运业法》第三条中明确规定经营国内水路运输的船舶应取得许可。我国1987年颁布的《中华人民共和国水路运输管理条例》和《国务院对确需保留的行政审批项目设立许可的决定》中也明确规定了国内水路运输和船舶市场准入的许可制度。

(四)实践检验效果较好

自1987年原《条例》实施以来,通过严格的管理,建立一系列管理制度,水路运输实现了健康发展。从实践的情况来看,实施效果较好,实现了设立许可的目的。

二、从事国内水路运输的经营者应具备的许可条件

除本条例第七条规定个体经营的特殊情况外,从事国内水路运输应当具备以下条件:

(一)具备企业法人条件

本项规定包含两层含义:

1.从事国内水路运输的主体应当具备法人条件。

法人是享有民事权利能力和民事行为能力,能以自己名义享有民事权利和负担民事义务的团体。法人具有四大特征,第

一,法人是团体;第二,法人拥有独立的财产;第三,法人能独立承担民事责任;第四,法人能以自己的名义参加民事法律关系。法人既可以作为民事主体享受权利,负担义务,又可以以独立财产承担责任,即出资人负担有限责任。

2. 从事国内水路运输的主体应当具备企业法人条件。

根据本条规定,从事国内水路运输的主体只能是企业法人,而不能是其他法人。《中华人民共和国民法通则》按法人的功能、设立方法以及财产来源的不同,把法人分为四类,即企业法人、机关法人、事业单位法人、社会团体法人。

(1)企业法人。企业是从事生产、运输、贸易等经营活动,以获取利润为目的的经济组织。企业法人以营利为目的,主要从事商业性活动。在我国,根据国家对经济活动的宏观管理和对交易安全的保护需要,法律又对不同的企业法人分别制定了单行法,例如《中华人民共和国全民所有制工业企业法》、《中华人民共和国乡镇企业法》、《中华人民共和国个人独资企业法》、《中华人民共和国中外合资经营企业法》、《中华人民共和国外资企业法》、《中华人民共和国公司法》、《中华人民共和国商业银行法》等。

(2)机关法人。机关法人是获得法人资格的国家机关,其是依法律直接设立的。如人民法院就是根据人民法院组织法设立的。认定国家机关是否属于法人,应视其有无独立的财政预算经费和是否行使国家权力为标准来确认。国家机关只有在参加民事活动时,才被视作法人,若是在行使国家权力发号施令时,就不是法人,而是公法主体。根据我国宪法规定的政体,机关法人通常指中央及地方各级人民代表大会、国务院和地方各级人民政府、各级人民法院和人民检察院、中央军事委员会和独立编制的各级军事组织。

(3)事业单位法人。事业单位法人是被赋予民事主体资格的事业单位。所谓事业单位,以往是指由国家主办或享受财政拨款、从事公益事业的社会组织,如剧团、学校、图书馆、医院、报社、电台等单位。这些单位一般不从事商业活动，即使取得一些收益，也多带有辅助性质。在我国市场经济改革过程中，有些事业单位已不再享有财政拨款，实行自负盈亏或实行企业化经营，如有些科研院所、出版单位、营利性医院等。事业单位的成立目的和运营过程主要方向是公益，这是事业单位法人区别于企业法人的一个主要特征。这在事业单位法人从事商业活动时，判断其行为的合法性，有重大的法律认识价值。例如一个学校、医院收费是否合理，并不完全以市场供需状况来认定其合理性，而首先要以其公益性作为判断标准。目前，我国的事业单位体制改革仍在积极推进中。

(4)社会团体法人。社会团体法人是由法人或自然人组成，从事公益事业、行业协调或发展共同志趣的法人，如协会、学会、研究会、基金会、联谊会、促进会、商会等团体。

从实践情况来看，国内水路运输行业中，公司是主要的企业法人类型。在1993年《中华人民共和国公司法》出台之前，国内水路运输的经营者主要有全民所有制企业(国有企业)、集体所有制企业(集体企业)和个体户。1993年《中华人民共和国公司法》出台之后，一些国有企业和集体企业转制成为了公司。企业与公司的主要区别在于，公司都属于企业，但企业不一定是公司，例如，合伙企业就不属于公司。根据2005年修订的《中华人民共和国公司法》的规定，公司分为有限责任公司和股份有限公司。有限责任公司是指公司的股东对公司以其认缴的出资额为限承担有限责任的公司；股份有限公司是指公司的资本划分为等额股份，公司股东以其认购的股份为限对公司承担有限责任的公司。此外，有限责任公司中还有一种极为特殊的公司形式，即一人有限责任公司。一人有限责任公司是指只有一个自然人股东或者一个法人股东的有限责任公司。与其他有限责任公司相比，一人有限责任公司具有以下法律特征：第一，一人有限责任公司仅有一个股东，而其他有限责任公司的股东为两个以上。

第二，一人有限责任公司特别是只有一个自然人股东的一人有限责任公司的所有权和经营权大多是合一的，而其他有限责任公司的所有权与经营权大多是分离的。第三，一人有限责任公司的股东以其出资额为限对公司的债务承担有限责任，而由一个自然人投资设立的个人独资企业的投资者要以其个人财产对企业债务承担无限责任。

国内水路运输经营者一般要求具备企业法人条件，是因为：首先，法人具有出资人承担有限责任的特点，由法人作为国内水路运输的经营主体，即使出现经营风险，出资人也不用担心可能承担连带责任的问题，这就解除了出资人的后顾之忧。其次，企业法人具有更强的抵御风险的能力，企业法人有独立的财产，能够以独立的财产对外承担法律责任。然后，大宗物资主要通过水路运输来完成，并且散装液体危险货物运输和旅客运输的要求高，相对于个体而言，具有企业法人条件的水路运输经营人具有较为健全的组织机构和管理制度，能够通过组织化的管理降低经营风险。最后，规模化、集约化经营是国内水路运输今后的发展方向，企业法人的组织化管理模式更有利于国内水路运输向规模化、集约化方向发展。因此，《条例》规定国内水路运输经营主体除小规模的内河普通货物运输外应当具备企业法人条件。

这里还需要强调的是，根据《条例》第七条的规定，从事国内水路运输的经营主体实际上只有两种，要么是企业法人，要么是个体户，合伙、个人独资企业等经营主体被《条例》排除在国内水路运输经营主体之外。

另外，对于主营业务广泛的综合性企业或主营业务不是水路运输的企业，虽然其具体从事水路运输的是其内设部门（事业部）或不具备法人资格的分支机构（分公司），但从主体上，对外承担民事责任的应当是该企业法人。因此，许可的对象以及许可条件也应当是针对具备企业法人条件的实体。

（二）有符合《条例》第十三条规定的船舶，并且自有船舶运

力符合国务院交通运输主管部门的规定

船舶是水路运输的工具。对于从事水路运输的船舶应当符合的条件在《条例》第十三条中有具体的规定，本条作出了衔接性规定。设定企业运力规模最低标准，是保障企业维持正常经营和安全投入所必须具有的最低资产（经营）规模。相对于最低注册资本、最低净资产等条件，设定企业运力规模标准来反映企业的资信能力更加贴切水路运输行业的实际，更具有可操作性。对于具体的运力规模标准，由国务院交通运输管理部门根据具体情况确定，并根据航运市场的发展变化进行适时调整。

此外，本条没有对申请从事国内水路运输经营的注册资本作出规定，应当直接适用《中华人民共和国公司法》关于注册资本的规定要求。根据《中华人民共和国公司法》的规定，有限责任公司注册资本的最低限额为人民币三万元，法律、行政法规对有限责任公司注册资本的最低限额有较高规定的，从其规定。股份有限公司注册资本的最低限额为人民币五百万元，法律、行政法规对股份有限公司注册资本的最低限额有较高规定的，从其规定。一人有限责任公司的注册资本最低限额为人民币十万元。《中华人民共和国公司法》还规定了股东的出资方式，股东可以用货币出资，也可以用实物、知识产权、土地使用权等可以用货币估价并可以依法转让的非货币财产作价出资；但是，法律、行政法规规定不得作为出资的财产除外。对作为出资的非货币财产应当评估作价，核实财产，不得高估或者低估作价。法律、行政法规对评估作价有规定的，从其规定。全体股东的货币出资金额不得低于有限责任公司注册资本的百分之三十。

（三）有明确的经营范围，其中申请经营水路旅客班轮运输业务，还应当有可行的航线营运计划

从事水路运输应当有明确的经营范围，经营范围既包含运输的种类，如旅客运输（包括普通客班轮运输、客滚运输、旅游客运等）、货物运输（包括普通货物运输、散装液体危险货物运输

等）和拖航运输；又包含运输的区域和地域，如沿海或内河、省际或省内等。

不同经营范围对船舶、管理人员、管理体系、安全制度等有着不同的要求，因此本条规定国内水路运输经营者应当有明确的经营范围。

水路运输包括水路旅客运输和水路货物运输。2011 年，国内水路运输完成客运量 2.46 亿人次，客运周转量 74.53 亿人公里，全国拥有沿海及内河的水路客船及客货船合计22 358艘（987 939客位），在20 世纪80 年代，水路客运曾是主要的运输方式。受人民群众出行观念变化影响，我国水路客运总体上呈现萎缩趋势，国内水路客运在综合运输体系中的比重已从1987 年的5.2%（客运量）和3.6%（客运周转量）下降到目前的1%和0.4%。近年来随着水路旅游客运的发展，水路客运量较20 世纪90 年代末的低谷时期有所回升。目前，国内水路旅客运输主要集中在渤海湾、舟山群岛、琼州海峡等区域。

水路旅客运输包括班轮运输、旅游运输。旅客班轮运输是指定航线、定停靠站点、定航次的水路旅客运输。为方便旅客选择乘坐的客船，在明确经营范围的同时，还应当对具体经营的航线有可行的运营计划，并且提前公布客船运行信息。航线运营计划包括始发港、停靠港、目的港、班次、周期、船舶的类型、客位数等，且班次安排应当符合当地旅客出行习惯，港口还应当取得港口客运经营资质。

（四）有与其申请的经营范围和船舶规模相适应的海务、机务管理人员

技术人员的安全素质是水路运输安全生产的关键。水路运输企业和船舶管理企业的海务、机务管理岗位是企业安全管理的重要岗位，主要负责企业的航运安全管理、船舶维修保养管理及应急指挥协调等安全管理工作，其素质和专业技术水平的高低直接关系企业生产安全。

2001年,交通部发布了《国内船舶运输经营资质管理规定》,将航运企业应配备相应的海务、机务管理人员作为市场准入的重要条件之一。2008年,交通运输部又对该规定进行了修订,建立了企业配备的海务、机务等专职管理人员的数量与企业所经营的船舶运力规模相挂钩的制度,进一步强化了企业配备安全管理人员的要求。新规定把企业应配备相应的海务、机务管理人员作为市场准入的核心条件,对加强企业安全管理,保障航运安全发挥了重要作用。

实践中,由于缺乏法律依据等原因,水路运输企业的海务、机务管理人员没有单独适用的相应从业要求,而实行了参照式的资格要求,即要求海务、机务人员具有相应的船员资格。这种作法在实践中出现了以下问题:首先,由于我国航运业的快速发展,船长和高级船员严重短缺,造成管理人员的频繁流动,同时导致有的企业为了满足资质要求不得不聘用已经退休的具有适任证书但实际已不具备管理能力的人员,不利于企业加强安全管理工作。其次,由于船员适任证书仅能证明该船员具备在特定区域操作特定种类船舶的能力,而企业安全管理人员的要求更高,仅具有船员适任资格是不够的,需要复合型人才,要求其具备管理企业航行于不同区域的所有种类船舶的能力,需要丰富的管理经验和应对各种复杂情况的应急指挥能力。最后,由于对水路运输企业安全管理人员没有专门的从业资格制度,仅需要取得船长、轮机长证书,致使在管理过程中缺乏有针对性的管理手段,对于这类人员的违规行为,无法直接处罚当事人(当事人在企业担任管理人员时的违规行为,未违反《中华人民共和国船员条例》(下文简称《船员条例》)中相关规定,因此无法依照《船员条例》进行处罚),致使管理存在漏洞。

《条例》总结了近年来国内水路运输企业配备海务、机务管理人员的成功经验,明确规定国内水路运输经营者应当有与其申请的经营范围和船舶规模相适应的海务、机务管理人员。这有利于提高企业安全管理人员的素质和水平，促进企业安全管理水平，保证国内水路运输安全。对于海务、机务管理人员应当配备的数量和具体的技能要求，要与其经营范围和船舶运力规模等相适应，具体要求由国务院交通运输主管部门进一步加以明确，以便操作执行。同时，有关部门要加强对海务、机务管理人员的入门培训和继续教育，进一步提高海务、机务管理人员的素质，满足国内水路运输发展的需要。

（五）与其直接订立劳动合同的高级船员占全部船员的比例符合国务院交通运输主管部门的规定

船员是航运生产一线的劳动者，船员，特别是船长、大副、轮机长、大管轮等高级船员的素质和责任心直接关系航运安全。目前，除了中央直属的水路运输企业外，普遍存在船员紧缺的现象。新组建的水路运输企业，特别是民营水路运输企业多无自有船员，通常由船员服务机构提供船员或临时招募船员。船员流动性强，船员对水路运输企业归属感差，不利于水路运输安全。因此，有必要规定水路运输经营者应当有一定比例与其直接签订劳动合同的、与企业建立稳定关系的自有高级船员队伍。此外，规定水路运输经营者有一定比例的自有高级船员也在一定程度上提高了市场准入门槛，有利于水路运输市场健康有序发展。对于自有高级船员占全部船员的比例，将由国务院交通运输主管部门根据具体经营范围（船舶种类）和实际情况作出具体规定。

（六）有健全的安全管理制度

按照《中华人民共和国安全生产法》第十六条的规定，生产经营单位应当具备本法和有关法律、行政法规和国家标准或者行业标准规定的安全生产条件；不具备安全生产条件的，不得从事生产经营活动的要求，生产经营单位必须加强安全生产管理，建立、健全安全生产责任制度，完善安全生产条件，确保安全生产。

2007年5月23日，为提高航运公司安全与防污染管理水平，保障水上交通安全，防止船舶污染水域环境，根据《中华人民共和国海上交通安全法》、《中华人民共和国内河交通安全管理条例》、《国务院对确需保留的行政审批项目设定行政许可的决定》等法律、行政法规以及我国缔结或者加入的相关国际公约，交通运输部发布了《中华人民共和国航运公司安全与防污染管理规定》，自2008年1月1日起施行。该规定要求航运公司应当建立、健全安全与防污染管理制度，完善安全与防污染条件，保障船舶安全，防止船舶污染水域环境。需要建立安全管理体系的航运公司，应当建立安全管理体系并保持体系的有效性。

《条例》秉承了国家一贯重视水路运输安全管理的传统，明确规定经营国内水路运输业务应当有健全的安全管理制度。对于国内水路运输经营者应当建立的安全管理制度的具体要求，国务院交通运输主管部门将根据实际情况作出具体规定。

（七）法律、行政法规规定的其他条件

国内水路运输经营者除满足《条例》规定的上述许可条件外，还应当符合法律、行政法规规定的其他要求。如根据《外商投资产业指导目录》的规定，国内水路运输属于限制外商投资的领域。因此，外商投资国内水路运输，除满足《条例》规定的许可条件外，还应当满足有关外商投资产业政策的要求。

总之，上述条件均是申请从事国内水路运输的经营者应具备的法定许可条件。在实践中，存在着具备上述条件和取得国内水路运输经营许可的顺序关系问题。理论上，应当先具备了上述条件，才具备取得国内水路运输经营许可的资格，但实践中往往存在着还没有国内水路运输经营许可资质难以事先具备好船舶、海务、机务管理人员、船员等条件，法人资格也是如此。因此，在实际管理中，对于新设立的航运经营者，一般是采用筹建的模式，以便解决相关政策衔接问题。筹建之后，经营者即可完成工商登记、船舶登记检验、与从业人员签订劳动合同等事项。也就是说，采用筹建的形式是为了使经营者达到开业应具备的条件。当然，筹建不是必经过程，也不是实质性许可，而是实践中为了做好衔接，由有关部门主动提供的服务。需要指出的是，企业在筹建时尚不具备经营资质，不得从事国内水路运输经营活动。

第七条　个人可以申请经营内河普通货物运输业务。

申请经营内河普通货物运输业务的个人，应当有符合本条例第十三条规定且船舶吨位不超过国务院交通运输主管部门规定的自有船舶，并应当符合本条例第六条第六项、第七项规定的条件。

【释义】本条是对以个体形式从事国内水路运输的特殊性规定。

一、保留个体运输经营者的必要性

个体工商户是我国特定历史时期的产物。主要是以个人或者家庭为单位从事经营活动，在民法上属于自然人的范畴。与属于企业法人范畴的公司（包括一名自然人出资设立的有限责任公司）和属于其他经济组织的个人独资企业在法律属性、承担的民事责任、适用的法律、设立的条件、经营和运作的模式等方面存在区别。

结合国内水路运输行业的具体情况，以个体户的形式从事运输也多存在于内河小吨位船舶（受船舶最低配员要求限制，大船和沿海船的配员人数超过了原《城乡个体工商户管理暂行条例》规定的个体户除自身或家庭外，根据经营需要可聘用 1 ~ 2 名帮手的要求），多以“夫妻船”的形式出现。

1999年"11.24"海难事故后，通过总结经验教训，交通部于2001年通过部门规章的形式，要求从事国内水路运输的企业，必须配备海务、机务管理人员，建立安全管理制度。由于原《城乡个体工商户管理暂行条例》对个体户帮手（雇员）人数的限制，导致个体运输经营者无法满足上述要求。但是，个体运输经营者数量众多，在一些特定水域或地区具有航运企业所不具有的优势，有其存在的合理性。但也具有一些安全、行业竞争等方面的劣势。2001年《国内船舶运输经营资质管理规定》（交通部令2001年第1号）规定以个体形式经营国内水路运输仅限内河普通货船，2008年《国内水路运输经营资质管理规定》（交通运输部令2008年第2号）又进一步将个体经营内河普通货船运输限定在单船600总吨以下。

在制定《条例》的过程中，有关部门通过充分调研和多次研究论证，对个体运输经营者的作用和存在的必要性有了更加全面和深刻的认识，逐渐形成了统一意见。个体运输具有拾遗补缺、促进就业、保障民生等作用，部分小港、支流运量小，适合个体运输经营。另外，部分个体运输经营者经济状况和生活条件较差，甚至在陆地上没有固定的住所，全家人以船为生，船舶既是他们的生产工具也是生活工具。综合考虑上述因素，《条例》保留了个体运输经营者。

二、对个体运输经营者经营范围的限制

由于个体运输的组织化程度低，与水路运输追求的集约化、规模化目标不一致，同时，水路运输要求具备相应的岸基管理人员和部门，所以，对个体运输应限制一定的经营区域、一定的货种和一定的船舶吨位。

一方面，《条例》将以个体形式经营水路运输的领域限定在一定的范围内，即内河普通货物运输。这是考虑到个体货物运输船舶主要在内河航行，相对安全风险较低，同时单船的影响也

较小，不会破坏整个内河运输市场的竞争格局。同时，《条例》授权国务院交通运输主管部门进一步规定允许以个体形式经营的最高船舶吨位，即将个体经营水路运输限制在吨位较小的内河普通货船。

在《条例》第六条针对企业规定的各项许可条件中，仅要求个体运输经营者有健全的安全管理制度，并符合法律、行政法规规定的其他条件。这实际上是对个体形式从事一定范围内的水路运输降低了准入门槛。同时，根据《条例》的规定，个体运输也应当符合国家产业发展政策，个体运输经营者投入运营的船舶应当与经营范围相适应，取得有效的船舶登记证书和检验证书，符合国务院交通运输主管部门关于船型技术标准和船龄的要求，符合法律、行政法规规定的其他条件。

第八条　经营水路运输业务，应当按照国务院交通运输主管部门的规定，经国务院交通运输主管部门或者设区的市级以上地方人民政府负责水路运输管理的部门批准。

申请经营水路运输业务，应当向前款规定的负责审批的部门提交申请书和证明申请人符合本条例第六条或者第七条规定条件的相关材料。

负责审批的部门应当自受理申请之日起30个工作日内审查完毕，作出准予许可或者不予许可的决定。予以许可的，发给水路运输业务经营许可证件，并为申请人投入运营的船舶配发船舶营运证件；不予许可的，应当书面通知申请人并说明理由。

取得水路运输业务经营许可的，持水路运输业务经营许可证件依法向工商行政管理机关办理登记后，方可从事水路运输经营活动。

【释义】本条是对许可机关许可权限和许可程序的规定。

本条第一款,“经营水路运输业务,应当按照国务院交通运输主管部门的规定,经国务院交通运输主管部门或者设区的市级以上地方人民政府负责水路运输管理的部门批准。”是关于水路运输许可实施主体的规定。其中,“按照国务院交通运输主管部门的规定”有两层含义,一是国务院交通运输主管部门可以规定中央和地方水路运输管理部门在水路运输经营许可具体事权上的划分;二是国务院交通运输主管部门可以按照相关法律和行政法规的规定,对水路运输经营许可的一些特殊情形作出规定,如,在考虑市场供需状况、安全因素基础上对一定自由裁量权的规定;对外商投资企业从事国内水路运输的特许规定等。

(一)关于中央和地方关于行政审批事权的划分

根据《条例》的规定,中央和地方关于国内水路运输行政审批职责的具体分工将由国务院交通运输主管部门予以明确。原则上,中央负责涉外的、具有广泛影响的、跨省行政区、涉及重大安全和环境保护、人身安全等重要事项的许可。例如,“三资企业”的设立由中央负责审批。国务院交通运输主管部门将随着社会经济发展,根据需要对中央和地方的职责分工作出相应调整。

2002 年 4 月 24 日,为加强国内水路运输管理,落实国务院关于行政责任追究的有关规定,明确管理责任,理顺管理关系,发挥市场机制对运输资源的配置作用,简化行政管理程序,交通部发布了《关于调整国内水路运输管理职责改革管理方式的通知》(交水发〔2002〕166 号),决定对国内水路运输管理职责和管理方式进行适当调整。调整后,交通运输部和地方交通主管部门的管理职责分工如下:

1. 以部为主管理的事项。

(1)“三资”航运企业的筹建、设立及相关事项的管理。

(2)经营跨省运输航运企业的筹建、设立及相关事项的管理。

(3)跨省液货危险品船运输及重点区域跨省客船运输的管理。重点区域包括:渤海湾、杭州湾、琼州海峡、北部湾、长江干线、珠江干线。液货危险品船运输包括油船、化学品船、液化气船运输。客船运输包括:普通客船、高速客船、客滚船(含载货汽车滚装船)、涉外旅游船运输,但不包括各类客渡船、库区以及封闭水域客船运输。

(4)集装箱班轮内支线航线的管理。

(5)国外进口运输船舶、国际海运船舶转入国内市场的管理。

2. 以地方交通主管部门为主的管理事项。

(1)经营省内普通货船运输和本行政区域内水路运输的航运企业("三资"企业除外)的筹建、设立及相关事项的管理。

(2)在本行政区域内注册的航运经营人从事省内运输的各类船舶的管理;在本行政区域内的航运经营人从事跨省普通货物运输船舶的管理。

有关省级交通主管部门每半年将跨省运输的发证情况汇总报送交通部;属于长江、珠江干线运输的,还应向交通部长江、珠江航务管理局备案。

(3)本行政区内各类客(渡)船运输以及库区、湖泊、陆岛运输及封闭水域水上运输的管理。这类运输涉及两个或两个以上行政区域的,由经营人所在地省级交通管理部门商相关省(自治区、直辖市)交通主管部门进行管理。有关运输管理部门各自对本行政区域内企业及其船舶的资质、技术状况等审核把关,并按职责进行管理。

有关地方交通主管部门,要在协助地方人民政府落实好国务院关于乡镇船舶安全责任制的同时,加强对上述船舶的管理。

3. 以部派出机构为主管理的项目。

在以部为主管理的事项(2)、(3)中,涉及长江、珠江干线省际运输的事项，部分别委托长江、珠江航务管理局进行管理。其中，长江涉外旅游船、高速客船、载货汽车滚装船的管理在市场规范整顿完成后再进行调整。

各有关交通主管部门应按规定程序向长江或珠江航务管理局转报申请材料，由长江、珠江航务管理局分别进行审核、审批。长江、珠江航务管理局每半年将批准、发证情况汇总报送交通部备案，在办理完毕后应向有关省级交通主管部门通报情况。部派出机构要加强对长江、珠江干线航运市场的监督管理。

（二）关于许可的政策性规定

国务院交通运输主管部门不仅仅是规定具体的审批职责分工和审批程序办法，还包括对审批条件上的政策性把握，有一定的自由裁量权。

如，对外商投资企业的特许。按照国际惯例、加入WTO的承诺以及我国外资政策等，我国对外商投资企业从事国内水路运输业务的准入以禁止为原则，以特许为例外。禁止外商从事沿海和国内水路运输，是国际上的通行做法。按照国际对等原则，我国对外商或者外商投资企业从事国内水路运输，也是采取禁止或者限制的政策。对一些特殊情形，则采取特许方式，经国务院交通运输主管部门批准，可以在批准的范围内有条件地从事沿海和国内水路运输。这种特许与一般的行政许可不同，不受符合条件就一定予以许可的一般性要求限制，而是实施机关根据相关规定掌有一定的自由裁量权，包括对许可数量的限制、对许可条件的特殊性规定。

本条第二、第三、第四款是关于行政许可实施程序的规定。

许可的实施程序包括许可的实施机关从受理许可申请到作出准予、拒绝行政许可等决定的步骤、方式和时限。《中华人民共和国行政许可法》中对行政许可的实施程序有专门的章节作出了详细的规定，有关许可机关在实施水路运输许可的过程中除应当遵守本条的规定外，还应当符合《中华人民共和国行政许可法》中有关许可实施程序的要求。

第二款规定，申请经营水路运输业务，应当向前款规定的负责审批的部门提交申请书和证明申请人符合《条例》第六条或者第七条规定条件的相关材料。在实践中，由交通运输部负责审批的，申请人一般向当地负责审批的部门递交申请书，再逐级转报至交通运输部。今后将通过信息化手段，简化程序，提高审批效率，方便当事人。

按照第三款的规定，负责审批的部门收到申请材料后，应当根据下列情况分别作出处理：(1)申请事项依法不需要取得行政许可的，应当即时告知申请人不受理；(2)申请事项依法不属于本实施机关职权范围的，应当即时作出不予受理的决定，并向申请人出具《交通行政许可申请不予受理决定书》，同时告知申请人应当向有关行政机关提出申请；(3)申请材料可以当场补全或者更正错误的，应当允许申请人当场补全或者更正错误；(4)申请材料不齐全或者不符合法定形式，申请人当场不能补全或者更正的，应当当场或者在5日内向申请人出具《交通行政许可申请补正通知书》，一次性告知申请人需要补正的全部内容；逾期不告知的，自收到申请材料之日起即为受理；(5)申请事项属于本实施机关职权范围，申请材料齐全，符合法定形式，或者申请人已提交全部补正申请材料的，应当在收到完备的申请材料后受理交通行政许可申请，除当场作出行政许可决定的外，应当出具《交通行政许可申请受理通知书》。《交通行政许可申请不予受理决定书》、《交通行政许可申请补正通知书》、《交通行政许可申请受理通知书》，应当加盖实施机关行政许可专用印章，注明日期。

负责审批的部门受理行政许可申请后，应当对申请人提交的申请材料进行审查。申请人提交的申请材料齐全、符合法定形式，负责审批的部门能够当场作出决定的，应当当场作出行政许可决定，并向申请人出具《交通行政许可(当场)决定书》。依照法律、法规和规章的规定，需要对申请材料的实质内容进行核实的，应当审查申请材料反映的情况是否与法定的行政许可条件相一致。实施实质审查，应当指派两名以上工作人员进行。可以采用以下方式：(1)当面询问申请人及申请材料内容有关的相关人员；(2)根据申请人提交的材料之间的内容相互进行印证；(3)根据行政机关掌握的有关信息与申请材料进行印证；(4)请求其他行政机关协助审查申请材料的真实性；(5)调取查阅有关材料，核实申请材料的真实性；(6)对有关设备、设施、工具、场地进行实地核查；(7)依法进行检验、勘验、监测；(8)听取利害关系人意见；(9)举行听证；(10)召开专家评审会议审查申请材料的真实性。

按照本条第三款的规定，对于经审查准予许可的，由许可机关向申请人颁发水路运输许可证件。许可证件既包括水路运输经营许可证，也包括许可机关的批准文件。由于船舶是水路运输的主要经营工具，且船舶与经营者通常存在空间上的距离，从水路运输业特点和便于监督管理出发，《条例》规定了在准入水路运输经营许可的同时，对水路运输经营者投入营运的船舶，由许可机关配发船舶营运证件。船舶营运证件是水路运输许可的附属证件，在水路运输经营者的许可条件中第二项，对投入水路运输的船舶应当符合的条件作出了明确的规定。

本条第四款规定了前置许可和工商登记的关系。

根据《中华人民共和国公司登记管理条例》、《个体工商户条例》和《个体工商户登记管理办法》等的规定，有限责任公司和股份有限公司设立、变更、终止以及个体工商户的开业、变更和注销，应当向工商行政管理机关办理登记。由于国内水路运输业务属于前置许可事项，《条例》规定经营者取得水路运输经营许可的，应当持水路运输经营许可证件依法向工商行政管理机关办理登记后，方可从事水路运输经营活动。

第九条　各级交通运输主管部门应当做好水路运输市场统计和调查分析工作，定期向社会公布水路运输市场运力供需状况。

【释义】本条规定了各级交通运输主管部门对水运市场的统计、调查分析以及向社会公布的义务。

在计划经济时代，水路运输行业的运力供需状况由政府统一掌握，水运经营者在政府的统一计划调配下开展运输，只需要执行政府指令即可，几乎没有水运供需信息需求。我国确立社会主义市场经济体制之后，主要依靠市场对资源配置发挥基础性作用。但是市场机制本身存在一些不足，水运供需双方经常出现信息不对称的情形，例如投资人不知道市场运力已经过剩还加大投资。这就需要政府依托水路运输市场统计和调查分析，向社会公布市场供需信息，引导投资人理性投资，避免盲目投资、过度投资，确保水运市场健康发展。例如前些年，国内沿海普通货船运输高涨，从秦皇岛港至上海、浙江沿海一带的水路运价攀升至每吨160元左右；由于缺乏相关水运市场信息引导，大量投资人纷纷出资造船，使得近年来国内沿海普通货船盲目发展，从而出现运力严重过剩现象，上述水路运输价格一度下跌至每吨30元以下，船舶滞港等装的现象较为严重，导致大量运输船舶因无货可运，处于停航或半停航状态。再如，货主（电厂、煤矿）由于对市场信息不了解，可能盲目造船搞运输。因此，急需建立水路运输统计和调查分析制度，及时向社会公布相关信息，引导社会投资，防止出现类似情况。

本条规定的市场的统计和调查分析包括运力的供求情况，运输需求的变化情况和趋势，运输价格的变化情况等等。交通运输主管部门做好水路运输市场统计和调查分析工作，并定期向社会发布相关信息，不但有利于各级管理部门了解情况和制定管理政策措施，也有利于水路运输经营者、各类水路运输投资者、金融保险和科学研究机构了解水运行业，是交通运输主管部门作为国家行业管理部门服务行业、服务社会理念的体现。这是新条例的一个重要特点，强化了政府部门的公共服务功能和要求。

第十条　为保障水路运输安全，维护水路运输市场的公平竞争秩序，国务院交通运输主管部门可以根据水路运输市场监测情况，决定在特定的旅客班轮运输和散装液体危险货物运输航线、水域暂停新增运力许可。

采取前款规定的运力调控措施，应当符合公开、公平、公正的原则，在开始实施的60日前向社会公告，说明采取措施的理由以及采取措施的范围、期限等事项。

【释义】本条是对国内水路运输市场运力调控作出的规定。

一、政府对水路运输市场监管的主要方式是运力调控，《条例》明确对特定的旅客班轮运输和散装液体危险货物运输航线、水域实行运力调控

主要基于以下考虑：

（一）体现社会主义市场经济特色

宏观调控是政府实施的政策措施，运用经济、技术和行政手段以调节市场经济的运行。根据社会主义市场经济理论和建设中国特色社会主义的实践经验，在充分发挥市场机制作用的前提下，加强和改善宏观调控是有效应对市场失灵，促进经济平稳有序发展最有效手段，是社会主义市场经济的本质特征。对国内水路运输市场加强和完善宏观调控，符合建设中国特色社会主义的要求和社会主义市场经济的理论。

（二）有利于保障水路运输安全，促进资源节约和节能减排，保证经济平稳增长

水路运输市场具有投资大、周期长等特点，对市场供求变动反应较慢，且国内水路运输市场受外部市场（如国际航运市场、国内宏观经济等）影响较大，周期性波动大。在充分发挥市场机制配置资源的基础性作用前提下，赋予政府主管部门对国内水路运输市场的宏观调控手段，有利于避免阶段性的投资过度、恶性竞争，有利于促进节能减排，有利于降低交易成本，节约社会资源，保持总供给和总需求的基本平衡，从而保证经济持续增长，符合科学发展观的要求。

（三）国外有类似制度的成功经验

20 世纪 90 年代，欧盟范围内的内河船舶运力出现过剩，水路运输市场萧条，且预测表明，随后的几年内需求没有足够增长以吸收过剩运力。因此，欧洲共同体委员会出台了《关于内河运输结构性改善的第 1101/89 号条例》，对新增运力收取一定费用用以建立拆船基金，调控运力总量。通过这一宏观调控措施，扭转了运力结构性过剩的局面，取得了良好实施效果。1953 年日本《内航海运业法》第二条规定，运输大臣每年在听取审议会意见的基础上，对各船种规定该年度以后的 5 年内的各年度的船舱量（即运力规模）。船舱量根据货物运输的供求状况及经济发展情况而定。

（四）近年来对部分国内水路运输市场加强宏观调控的效果明显

近年来，交通运输部对直接关系人民生命财产安全和环境保护的国内客运、散装液体危险货物运输市场实施了一系列的宏观调控措施，效果明显。20 世纪 90 年代，渤海湾的客滚运输采取完全市场化的方式，经营主体过多，运力过剩，恶性竞争的问题比较突出。恶性竞争的一个结果就是尽可能节约经营成本，甚至不惜降低安全标准，从而积累了安全隐患，导致连续发

生多起重大安全事故。特别是1999年11月24日“大舜号”沉没事故，造成了270多人死亡。从2000年起，交通部加大了对渤海湾客运市场的宏观调控，控制经营主体数量，提高经营者素质，管制运力投放，通过一系列措施，渤海湾客运市场秩序得到了极大改善，经营效益大幅提升，经营者安全投入不断增加，10多年来渤海湾客运市场安全形势也得到平稳好转。

2002年行政审批制度改革后，交通部对从事国内普通货物运输的船舶运力采取完全市场化的管理模式，而对新增散装液体危险货物运输的船舶保留行政审批的同时，加强了运力总量的宏观调控。2006年，针对国内沿海散装液体危险货物的船舶运力增长大大超过运输需求增长的情况，及时采取措施，从而抑制了运力盲目增长的势头，保证了沿海散装液体危险货物运输市场健康有序的发展。在国际金融危机的大背景下，国内沿海散装液体危险货物运输市场保持相对平稳，其中一个重要原因也是由于交通运输部加强了对市场的宏观调控。

为积极应对国际金融危机，维护国内水路运输市场稳定，2009年，交通运输部对于国际航运船舶进入国内运输采取了一定的限制措施，阻止了大量国际航线上的富余运力转入国内经营，防止了国内市场运力供求情况的进一步恶化，维护了国内水路运输市场的稳定，取得了较好的效果。尤其是2011年，交通运输部采取了多项宏观调控政策和手段，先后发布了《关于进一步加强国内沿海化学品液化气运输市场宏观调控的公告》、《关于加强客船和危险品船舶运输市场准入管理和市场监管的通知》、《关于加强国内沿海成品油运输市场宏观调控的公告》、《关于进一步规范货主投资国内航运业的公告》、《关于加强长江液货危险品运输市场宏观调控的公告》，加强市场管理，引导市场健康发展，组织开展航运市场分析，对沿海普通货船运输市场管理以市场为主导，创造公平竞争环境、提高整体技术水平，促进结构调整，保障运输安全。

二、对运力宏观调控的规范和主要内容

总结近年来为维护国内水路运输市场秩序采取必要调控措施的成功经验,《条例》规定,为保障水路运输安全,维护水路运输市场的公平竞争秩序,国务院交通运输主管部门可根据水路运输市场监测情况决定在特定的旅客班轮运输和散装液体危险货物运输航线、水域暂停新增运力许可;并规定,采取上述运力调控措施,应当符合公开、公平、公正的原则,在开始实施的60日前向社会公告,说明采取措施的理由以及采取措施的范围、期限等事项。

1. 可以采取的宏观调控措施是暂停新增运力许可。暂停时间长短要考虑到运力过剩的情况、经济周期等因素,由国务院交通运输主管部门合理确定并向社会公布。

2. 采取暂停新增运力许可措施的主体是国务院交通运输主管部门。《条例》仅授权国务院交通运输主管部门可以采取暂停新增运力许可措施。

3. 暂停新增运力许可的依据是水路运输市场监测情况。这就要求国务院交通运输主管部门加强水路运输市场监测,对水路运输市场运力状况进行科学分析和判断,及时准确作出暂停新增运力许可的决定。

4. 暂停新增运力许可的适用范围是特定的旅客班轮运输和散装液体危险货物运输航线、水域。国务院交通运输主管部门既可以对特定的旅客班轮运输和散装液体危险货物运输航线暂停新增运力许可,又可以对特定的旅客班轮运输和散装液体危险货物运输水域暂停新增运力许可。这里的水域既包含沿海,也包含内河。

5. 采取暂停新增运力许可措施,会对社会产生重大影响,应当在开始实施的60日前,通过报纸、电视、网络等主要媒体向社会公告,让社会公众知晓。此外,暂停新增运力许可需要做好过

渡和衔接工作，对于已经开工的船舶，应当允许其继续投入运营。

第十一条　外国的企业、其他经济组织和个人不得经营水路运输业务，也不得以租用中国籍船舶或者舱位等方式变相经营水路运输业务。

香港特别行政区、澳门特别行政区和台湾地区的企业、其他经济组织以及个人参照适用前款规定，国务院另有规定的除外。

【释义】本条是对境外经营者从事国内水路运输的约束性规定。

本国沿海和内河运输原则上由本国水路运输企业经营，是世界上不少国家的通行做法。从国际上来看，国内水路运输关系国土安全、就业与经济发展，属于国家主权范畴，一般不对外开放，美国、日本和欧盟等经济体都实行国内水路运输市场保护政策。因此，《条例》对外国经营者经营我国国内水路运输作出了禁止性规定。

一、何为变相经营国内水路运输业务形式

《条例》明确外国经营者不得变相经营国内水路运输业务。变相经营是指外国经营者以承运人名义签约，履行承运人义务，收取运费。实践中有下述租船方式，这些租船方式容易成为外国经营者变相经营国内水路运输业务的具体形式。

租船运输（Shipping by Chartering）。租船运输又称不定期船运输，没有预定的船期表、航线、港口，船舶按租船人和船东双方签订的租船合同规定的条款完成运输服务。根据协议，船东将船舶出租给租船人使用，完成特定的货运任务，并按商定运价收取运费。采用租船运输的货物主要是低价值的大宗货物，例如煤炭、矿砂、粮食、化肥、水泥、木材、石油等。一般都是整船装运，运量大，租船运输的运量占全部海上货运量的80%左右。运价比较低，并且运价随市场行情的变化波动。租船方式主要有航次租船、定期租船和光船租船三种。

航次租船(Voyage Charter)。航次租船又称为定程租船，是以航程为基础的租船方式。在这种租船方式下，船方必须按租船合同规定的航程完成货物运输服务，并负责船舶的经营管理以及船舶在航行中的一切开支费用，租船人按约定支付运费。航次租船的合同中规定装卸期限或装卸率，并计算滞期和速遣费。航次租船又可以分为单程租船、往返租船、连续航次租船、航次期租船、包运合同租船几种。

单程租船(Single Voyage Charter)。单程租船也称为单航次租船，即所租船舶只装运一个航次，航程终了时租船合同即告终止。运费按租船市场行情由双方议定，其计算方法一般是按运费率乘以装货或卸货数量或按照整船包干运费计算。

往返租船(Round Trip Charter)。往返租船也称为来回航次租船，即租船合同规定在完成一个航次任务后接着再装运一个回程货载，有时按来回货物不同分别计算运费。

连续航次租船(Consecutive Trip Charter)。即在同样的航线上连续装运几个航次。往往货运量较大，一个航次运不完的时候，可以采用这样的租船方式，这种情况下，平均航次船舶租金要比单航次租金低。

航次期租船(Trip Charter on Time Basis)。航次期租船也称为期租航次租船，船舶的租赁采用航次租船方式，但租金以航次所需的时间(天)为计算标准。这种租船方式不计滞期、速遣费用，船方不负责货物运输的经营管理。

包运合同租船(Contract of Affreightment)。船东在约定的期限内，派若干条船，按照同样的租船条件，将一大批货物由一个港口运到另一个港口，航程次数不作具体规定，合同针对待运的货物。这种租船方式可以减轻租船压力，对船东来说，营运上比较灵活，可以用自有船舶来承运，也可以再租用其他的船舶来完成规定的货运任务；可以用一条船多次往返运输，也可以用几条船同时运输。包运合同运输的货物通常是大宗低价值散货。

定期租船（Time Charter）。定期租船简称期租，是指以租赁期限为基础的租船方式。在租期内，租船人按约定支付租金以取得船舶的使用权，同时负责船舶的调度和经营管理。期租租金一般规定以船舶的每载重吨每月若干金额计算。租期可以长可以短，短时几个月，长则可以达到 5 年以上，甚至直到船舶报废为止。期租的对象是整船，不规定船舶的航线和挂靠港口，只规定航行区域范围，因此租船人可以根据货运需要选择航线、挂靠港口，便于船舶的使用和营运。期租对船舶装运的货物也不作具体规定，可以选装任何适运的货物；租船人有船舶调度权并负责船舶的营运，支付船用燃料、各项港口费用、捐税、货物装卸等费用。不规定滞期速遣条款。

光船租船（Bare Boat Charter）。光船租船也是一种期租船，不同的是船东不提供船员，只把一条空船交给租方使用，由租方自行配备船员，负责船舶的经营管理和航行各项事宜。对船东来说，一般不放心把船交给租船人支配；对租船方来说，雇佣和管理船员工作很复杂，租船人也很少采用这种方式。因此，光船租船形式在租船市场上很少采用。

二、港澳台经营者参照适用前款规定，国务院另有规定的除外

参照适用是指将香港特别行政区、澳门特别行政区和台湾地区的企业、其他经济组织以及个人原则上不得经营水路运输业务，也不得通过租用中国籍船舶或者舱位等方式变相经营水路运输业务，只有当国务院另有规定时，港澳台经营者才可以经营水路运输业务。国务院另有规定包括国务院决定或者我国签署的自由贸易协定和内地与香港、澳门关于建立更紧密经贸关系的安排另有规定等。

第十二条　依照本条例取得许可的水路运输经营者终止经营的，应当自终止经营之日起15个工作日内向原许可机关办理注销许可手续，交回水路运输业务经营许可证件。

【释义】本条规定了经营者终止经营应办理的有关手续。

终止经营是指经营者永久性停业，不再从事水路运输经营业务，包括全部业务终止经营和部分业务终止经营。原许可机关是指原来向该经营者颁发国内水路运输经营许可的交通运输主管部门。

注销是一种程序性行为，一般不涉及价值判断，没有否定性评价的意味，强调对已经登记过的内容或证书的取消，不同于吊销和撤销。吊销，作为行政处罚的一种方式，大多出现在法律责任一章。吊销的对象往往是证明资质、资格的证书，具体如“营业执照”、“许可证”、“资格证书”等。撤销的使用情形较为复杂，大体有以下两类情形。第一类是取消自己先前的行为、行为结果、组织机构，一般是某一主体因情势变更等原因主动作出的取消行为。第二类是根据权限取消他人的行为、行为结果、组织机构，或者取消资质、资格。取消的原因，一是原有的合法性条件已经不存在，二是相关主体存在违法的情形或者其他不适当的情形。例如，《中华人民共和国行政许可法》第六十九条规定，被许可人以欺骗、贿赂等不正当手段取得行政许可的，应当予以撤销。

交回水路运输业务经营许可证件是指交回水路运输经营许可证件及其副本。注销部分业务的，经营者只需要交回该部分业务对应的许可证件。经营人办理注销后,原具备营运条件的船舶可转让给具有水路运输经营资质的企业。相关船舶的证书需要换发后,方可继续从事经营活动。

之所以规定应当自终止经营之日起15个工作日内办理注销手续,主要是考虑到水路运输是服务性行业,如不能为社会提供运输服务应当尽快告知原许可机关以方便原许可机关及时了解市场主体和运输船舶变化的情况,并能及时采取适当的行政活动。

此外,对于年度核查不符合资质管理规定且限期整改后仍不符合资质管理规定,且不申请注销的企业,应当撤销其水路运输许可经营资格。《条例》在第四十二条中也作了相关规定。

第十三条　水路运输经营者投入运营的船舶应当符合下列条件:

(一)与经营者的经营范围相适应;

(二)取得有效的船舶登记证书和检验证书;

(三)符合国务院交通运输主管部门关于船型技术标准和船龄的要求;

(四)法律、行政法规规定的其他条件。

【释义】本条是对投入国内水路运输的船舶应当符合的条件作出的具体规定。

《条例》规定,水路运输经营者投入运营的船舶应当符合下列条件:

一、与经营者的经营范围相适应

船舶是水路运输的工具,《条例》规定了投入运营的船舶应当与经营者的经营范围或拟申请从事的水路运输经营范围相适应,即投入运营的船舶应当符合经营范围的要求。不同经营范围对船舶有着不同的要求。水路运输经营范围包括区域范围(如内河与沿海、省际与省内等)和运输船舶种类范围(如普通货船、油船等)。水路运输经营者是通过船舶运输从事经营活动的,如果建造或购置的船舶不符合核定的经营区域和船舶种类范围,就不能投入运输,否则就属于超越经营范围,将带来不安全后果。所以,投入运营的船舶应当与经营者的经营范围相适应。

二、取得有效的船舶登记证书和检验证书

投入运营的船舶应当按照海事管理的有关规定,取得船舶登记(包括船舶所有权登记和国籍登记)证书和船舶检验证书,具备适航和适装条件。船舶所有权登记证书是船舶所有权的唯一合法凭证,船舶国籍证书是证明船舶国籍的书面文件,也是船舶取得航行权的证明。根据《中华人民共和国船舶登记条例》的规定,在中华人民共和国境内有住所或者主要营业所的中国公民的船舶、依据中华人民共和国法律设立的主要营业所在中华人民共和国境内的企业法人的船舶(但是,在该法人的注册资本中有外商出资的,中方投资人的出资额不得低于50%)、中华人民共和国政府公务船舶和事业法人的船舶、中华人民共和国海事管理机构认为应当登记的其他船舶应当依法登记。船舶经依法登记,取得中华人民共和国国籍,方可悬挂中华人民共和国国旗航行;未经登记的,不得悬挂中华人民共和国国旗航行。船舶不得具有双重国籍。凡在外国登记的船舶,未中止或者注销原登记国国籍的,不得取得中华人民共和国国籍。

"取得有效的船舶检验证书"是对船舶技术规范提出的要求,侧重于船舶安全航行、安全作业、防污染等方面的技术条件。船舶检验证书是验船机构对船舶进行技术检验后签发的证明文

件，简称船舶证书，其作用是证明船舶结构、船舶载重线、船舶稳性、抗沉性、吨位、舾装设备、消防设备、起货设备、主辅机械设备、锅炉和受压容器、电气设备、无线电通信设备和信号设备符合有关国际公约或船舶规范的要求，可分为国际航行船舶检验证书和国内航行船舶检验证书。根据《中华人民共和国船舶和海上设施检验条例》的规定，中国籍船舶的所有人或者经营人，建造或者改建船舶时，应当申请建造检验；运营中的船舶，应当申请定期检验；由外国籍船舶改为中国籍船舶的，应当申请初次检验。中国籍船舶须由船舶检验机构测定总吨位和净吨位，核定载重线和乘客定额。船舶经检验合格后，船舶检验机构应当按照规定签发相应的船舶检验证书。

三、符合国务院交通运输主管部门关于船型技术标准和船龄的要求

投入国内水路运输的船舶，还应当符合国务院交通运输主管部门关于船型技术标准和船龄方面的要求。

(一)船型技术标准和船龄的含义

船型技术标准，是指除船舶检验法规规范在船舶安全和防污染方面的强制要求之外的其他船舶技术经济政策，包括船舶节能减排方面的要求和内河标准化船型船舶主尺度方面的要求(该要求主要是为了解决船舶与船闸等通航设施的匹配问题)等。

船龄要求，是指要求船舶符合老旧运输船舶强制报废和限制进口制度，即达到一定使用年限的船舶必须强制退出市场，超过一定船龄的外国籍船舶不能进口。老旧运输船舶强制报废和限制进口制度是根据我国国情，从保障安全，提高中国籍船舶整体技术水平的角度出发建立的一项船舶技术政策。

“船型技术标准和船龄的要求”属于航运产业政策范畴，具体包括对船舶船型、尺度、节能减排、船龄等要求，这些要求均未规定在现行的船检规范中，船检也不要求对上述内容进行强制

检验。本项规定作为为满足国家环保和资源效率利用的要求而建立的船舶经济技术政策，其目的是运用经济、技术、行政等手段，优化我国船舶运力结构，提高船舶技术水平和航运业整体素质，将潜在不安全船舶、超龄船舶和非标准船舶挡在进入水路运输市场之前。

《条例》明确规定投入运营的船舶应当符合国务院交通运输主管部门关于船型技术标准和船龄的要求，为国务院交通运输主管部门健全船型技术标准和船舶强制报废制度提供了上位法依据。

(二)交通运输部近年来出台的船舶技术政策情况

自20世纪70年代开始，部分省市地方水运企业利用进口废钢船和在国内购置从事国际航线运输淘汰的船舶，从事国内沿海货物运输，在一定程度上缓解了国内运力不足，但造成较大的环境污染和安全隐患。为了使上述问题得到有效解决，交通部于1993年发布了《老旧船舶管理规定》。

随着我国国民经济的发展和国家产业结构调整，到21世纪初期，我国运输船舶出现了运力结构不合理、船舶普遍老化等问题，明显不能适应航运业发展需要。为加强老旧船舶管理，优化船舶运力结构，提高船舶技术水平，保障水路运输安全，促进水运事业健康发展，2001年3月29日，经国务院同意，交通部、国家经贸委、财政部发布了《关于实施运输船舶强制报废制度的意见》(交水发[2001]151号)，建立并实施运输船舶强制报废制度。具体要求是对老旧运输船舶进行严格管理，对已达到强制报废船龄的船舶实施强制报废制度，强制退出水路运输市场，不得在中华人民共和国登记从事水路运输，并且规定了各类运输船舶的强制报废船龄。

与此同时，交通部对1993年发布的《老旧船舶管理规定》进行了修订，并于2001年及时颁布实施了《老旧运输船舶管理规定》(交通部令2001年第2号，以下简称"2号令")。该规定建立了一套行之有效的以船龄标准和技术检验管理相结合的运力调控制度，建立了老旧运输船舶强制报废制度。

2001年12月21日，对外贸易经济合作部发布了《关于船舶进口有关事项的规定》（中华人民共和国对外贸易经济合作部2001年第38号公告），要求购置外国籍船舶或者以光船租赁条件租赁外国籍船舶改为中国籍船舶经营水路运输，应当符合相应船型船龄的要求。

上述法律法规的实施，对改善我国船舶技术状况、优化运力结构、改善运力供求关系和保障安全等发挥了重要作用，对水路运输业产生了重大而积极的影响，有力地促进了我国水路运输业的健康发展。一是船舶运力结构调整和老旧运力更新步伐加快，船队向年轻化、专业化、大型化方向发展。加速淘汰了一批严重老旧船舶和挂桨机船、水泥质船等技术落后的船舶，比如截至2011年底，沿海跨省运输的油船平均船龄为7.6年，比2002年底下降了10.4年；化学品船的平均船龄为6.6年，比2003年底下降了8.7年。二是运力供求关系得到明显改善，达到基本平衡，市场健康有序发展的局面初步形成。三是水路运输业整体素质明显提高，水路运输安全水平明显提高，水路运输长久安全的基石初步得到夯实。从国内散货船事故统计情况分析看，1999～2000年期间共发生散货船沉没事故9起，其中1万载重吨以上散货船事故2起；"2号令"实施至2003年底，散货船沉没事故仅发生4起，其中1万载重吨以上散货船事故1起。通过强制淘汰技术状况差、安全隐患突出的老旧客滚船，鼓励建造新船，渤海湾客滚运输的市场秩序、安全状况、整体素质均明显好转，大大扭转了渤海湾客滚运输安全形势，渤海湾客运船舶安全状况差、事故多发的势头得到有效遏制。

随着水运行业改革不断深入和国内外新的水路运输法律、法规出台及航运市场供需关系变化，"2号令"中的部分规定已经不适应水运形势的发展，具体表现在部分种类船舶的技术标准应按照国际公约新规则的要求予以调整，迫切需要进一步加强对客船、危险品船和外国籍老旧运输船舶的管理，以保障我国水域运输安全。同时，根据2001年以来水路运输市场发展的情况和特定水域运输船舶的特殊性，交通部制定并出台了一些切实可行的政策和措施，需要通过对“2号令”的修订将这些政策和措施补充进规章，以有利于交通主管部门依法履行职责，加强水路运输行业管理。

为进一步加快运力结构调整，改善船舶技术状况，认真履行国际公约新规定，保障运输安全，加强环境保护，交通部自2004年以来，组织中国船级社、中国船东协会等有关单位开展了对“2号令”的修订工作，多次召开由管理部门、协会、主要航运企业参加的会议，就是否调整散货船报废年限标准，如何提高油船、化学品船市场准入和船舶技术标准等专题进行了研讨。2006年7月5日，交通部颁布了新的《老旧运输船舶管理规定》（交通部令2006年第8号，以下简称“新规定”），自2006年8月1日起施行。这标志着我国老旧运输船舶管理又上了一个新台阶。修订的主要内容如下：

一是提高了危险品船进口船龄和技术标准。新规定将海上油船和化学品船的进口船龄标准由15年以下提高到12年以下，同时禁止进口单壳油船，明确规定“购置、光租外国籍油船，其船体应当符合《经1978年议定书修订的1973年国际防止船舶造成污染公约》附则Ⅰ《防止油类污染规则》规定的要求”。

二是加强客船、危险品船改建管理。为提高客船、危险品船技术水平，保障水路运输安全，保护水域环境，新规定禁止普通货船改建成客船、危险品船，禁止危险品船相互间的改建。

三是加强对挂靠我国港口的外国籍老旧运输船舶管理。为保障水路运输安全，充分发挥港口国监控的重要作用，遵循国际管理惯例，新规定加强了对外国籍老旧运输船舶的安全管理和监督。首先,规定超过我国规定报废船龄的外国籍船舶不得从事国内水路运输。其次,要求我国海事管理机构对进出我国口岸的达到我国规定老旧船舶年限的外国籍运输船舶加强监督检查。最后,对从事我国港口与外国港口间运输的客船,根据需要,由双边政府海运主管部门商定对客船船龄作出限制规定。

四是增强了宏观调控能力、应变能力和安全管理能力。航运业是周期性大幅波动的行业,市场供需关系变化较大,且由于运输需求不平衡,在运输高峰期,容易出现短期的供需矛盾。在抗洪抢险救灾等特殊情况下,需要紧急调用船舶运力。我国方便旗船运力资源丰富,但按照规定,一部分船舶无法调入国内航运市场。在近几年煤电油运紧张状况中,特别是在“迎峰度夏”抢运煤炭运输期间,交通运输部采取紧急措施,特许中国资本的方便旗船临时经营国内沿海运输抢运煤炭,有效地缓解了煤电油运紧张状况,保障了国民经济运行安全。另一方面,在特定情形下,为促进船舶结构调整、加强水运安全管理,保护社会公众利益的需要,在一定时期交通运输部也需要相机对特定船舶退出市场的船龄进行临时调整。新规定授权交通运输部在特殊情形下,为保护国家利益和安全管理的需要,可对有关船龄进行临时调整。这将提高交通运输部的宏观调控能力和运输保障能力,增强对突发事件、重大事件的应变能力及安全管理能力。

新规定的实施,是提高我国水运管理行政执行能力的一项重大举措,对进一步优化运力结构,提高航运业整体发展水平,提升我国安全管理水平具有重要的作用和意义。交通部对《老旧船舶管理规定》的两次修订及其实施效果,充分表明不断提高船舶技术标准,构建和完善运力宏观调控体系是提升航运业整体素质、维护我国水上交通运输长治久安的根本保障。

2009 年,交通运输部又对《老旧运输船舶管理规定》进行了修改,确立了单壳油船限期淘汰制度,要求对已投入运营但未达到强制报废船龄的单壳油船实行限期淘汰。

(三)船舶技术标准和船龄要求与船舶检验证书的关系

船舶检验证书是根据船舶检验的法定规范而取得的检验证明,由船检部门核发,表明船舶在安全和防污染方面满足国际公约和本国政府主管部门的最低要求。

船舶技术标准是指除船检法定规范在船舶安全和防污染方面的强制要求之外的其他船舶技术经济政策,包括船舶节能减排方面的要求和内河标准化船型船舶主尺度方面的要求(该要求主要是为了解决船舶与船闸等通航设施的匹配问题)等。这部分船舶技术标准不同于船检法规规范对安全和防污染方面的最低要求,主要是从经济和高效角度出发,因此,不能纳入船检法定规范的内容。

船龄要求是指老旧运输船舶强制报废和限制进口制度,即达到一定使用年限的船舶必须强制退出市场,超过一定船龄的外国籍船舶不能进口。老旧运输船舶强制报废和限制进口制度是根据我国国情,从保障安全,提高中国籍船舶整体技术水平的角度出发,于 2001 年经国务院同意建立的(限制进口制度于 1993 年建立),由交通部以部门规章的形式对外公布。

就《条例》第十三条第(三)项与第十五条之间的关系而言,第十三条是建立起上述船舶技术标准和船龄要求的法律依据,而第十五条规定了可以用新标准追溯现有船,但应给予相应的经济补偿。第十五条不能完全替代第十三条第(三)项的内容。

四、符合法律、行政法规规定的其他条件

本项是兜底条款,目前包括国内水路运输经营者要根据其他法律、行政法规的规定建立并落实安全管理制度、防污染制度、办理有关保险等。同时,也不排除未来国家根据经济社会

和技术发展情况，以新的法律、行政法规推出新的船舶运营条件。

第十四条 水路运输经营者新增船舶投入运营的，应当凭水路运输业务经营许可证件、船舶登记证书和检验证书向国务院交通运输主管部门或者设区的市级以上地方人民政府负责水路运输管理的部门领取船舶营运证件。

从事水路运输经营的船舶应当随船携带船舶营运证件。

海事管理机构办理船舶进出港签证，应当检查船舶的营运证件。对不能提供有效的船舶营运证件的，不得为其办理签证，并应当同时通知港口所在地人民政府负责水路运输管理的部门。港口所在地人民政府负责水路运输管理的部门收到上述通知后，应当在24小时内作出处理并将处理情况书面通知有关海事管理机构。

【释义】本条是对新增船舶营运证件的取得及船舶营运证的使用和监督检查的具体规定。

《条例》第十三条规定了从事国内水路运输的船舶应当符合的条件。第九条对于经营者初次投入运营的船舶，规定了在取得水路运输经营许可的同时，由许可机关配发船舶营运证件。本条对国内水路运输经营者新增的船舶投入运营，如何取得船舶营运证件作出了相应规定。新增船舶领取船舶营运证件实质上是对新增船舶投入运营的许可，这时不能仅凭水路运输业务经营许可证件、船舶登记证书和检验证书就能领取船舶营运证，而是要对投入营运的船舶有一个是否符合条件的审查过程。同时，新增船舶应当符合国家宏观调控政策。

实践中，为提高经济效益，满足水路运输市场需求，水路运输经营者将以新建、购买、光租或接受委托经营管理等方式新增船舶。新增船舶应当向水路运输管理部门领取船舶营运证件后方可投入运输。目前，水路运输经营者领取船舶营运证件时应提交下列材料：

（1）新增运力提供水路运输登记事项证明书，如果是购置船舶还应当提供船舶营运证件注销登记证明书原件和经交通运输部公布的有相应资质的船舶交易机构开具的船舶交易发票。

（2）船舶所有权证书、船舶国籍证书、船舶检验证书，船舶安全管理证书（SMC）（未取得的，提供经营者与船舶签订的安全责任书），光租船舶的还要提供光船租赁登记证明书，公司安全管理体系符合证明（DOC），委托经营管理船舶的还要提供运输船舶委托经营管理合同，托管公司营业执照、相应管理资质证书，融资租赁船舶的还要提供船舶融资租赁合同。

此外，船舶营运证件作为经营者取得水路运输许可的重要标志，规定应当随船携带，并且要求海事管理机构在办理船舶进出港签证时，应当查验船舶营运证件。这一规定有利于充分利用现有管理资源，进一步加强对水路运输市场的监管。同时，《条例》对于海事管理机构在进出港签证时查验船舶营运证件中发现问题的后续处理作出了衔接性的规定。

第十五条　国家根据保障运输安全、保护水环境、节约能源、提高航道和通航设施利用效率的需求，制定并实施新的船型技术标准时，对正在使用的不符合新标准但符合原有标准且未达到规定报废船龄的船舶，可以采取资金补贴等措施，引导、鼓励水路运输经营者进行更新、改造；需要强制提前报废的，应当对船舶所有人给予补偿。具体办法由国务院交通运输主管部门会同国务院财政部门制定。

【释义】本条规定了主管部门可通过经济鼓励措施，提高船舶的技术水平。

对于新进入市场的船舶可以通过制定新的准入标准，以提高船舶的技术水平。对于不符合新标准化的现有船舶，《条例》在总结近年来采用经济手段引导船舶运力结构调整的成功经验基础上，对不符合新标准的在用船舶，规定了国家可以通过采取资金补贴等措施，引导、鼓励经营者进行更新、改造。在国家已出台资金补贴等政策措施的情况下，如果在用船舶既不符合新标准，又不进行更新改造，就必须强制退出国内水路运输市场。

近年来，国家重点在内河船型标准化上采取了经济鼓励政策，在京杭运河、长江干线先后实施了船型标准化工作，取得了显著成效，对于推动内河船舶技术进步，提高航道和船闸等通航设施利用率，为水上交通安全提供保障，降低内河船舶运输成本，提高内河航运竞争力，促进内河航运可持续发展发挥了重要作用。

1. 京杭运河船型标准化工作

京杭运河船型标准化工程是2003年交通部党组确定的四项示范工程之一。2002年，航行于京杭运河和长江三角洲主要内河航道网的船舶货运量占全国内河货运量的34.2%。但是，由于航行于运河的船舶标准化程度较低，船型杂乱，船舶平均吨位小，使航道和船闸等通航设施的利用率与通过能力不能得到有效发挥，降低了船舶营运效率和内河航运竞争力；航行于京杭运河和长江三角洲主要内河航道的4万余艘挂桨机船，不仅是航行安全和过闸安全的重大隐患，而且是造成运河水污染的重要污染源之一；运河江南段流经城市化程度较高的长江三角洲地区，挂桨机船的噪声污染和空气污染，已影响当地居民的生产生活和区域经济社会的协调发展。交通部会同山东、江苏、浙江、河南、安徽、上海五省一市人民政府于2004年1月1日正式启动实施京杭运河船型标准化工程。经过连续数年的工作推动，已完成水泥质船全线禁航，挂桨机船拆解改造，骨干航道禁航挂桨机船的工作。建立推广交通部负责京杭运河运输船舶标准船型主尺度的建立和维护，有关五省一市交通主管部门负责标准船型图纸的研究开发和其他强制性标准或项目的制定，有关基层船舶检验部门负责船舶建造的现场监管的标准船型“三级网络体系”。此项工程的实施改善了运河通航秩序，提高了船舶通行速度，大幅度降低水上事故发生率和船舶造成的水噪声污染。改善了船民生活条件，提高了经济效益。

2. 长江干线船型标准化工作

2009 年 7 月，交通运输部、财政部与沿江省市人民政府联合发布了《推进长江干线船型标准化实施方案》，启动长江干线船型标准化工作。2011 年 6 月，交通运输部与长江沿线省市人民政府联合签署《关于进一步加快推进长江干线船型标准化合作协议》后，在交通运输部统一领导和沿江省市交通运输主管部门共同努力下，长江干线船型标准化工作正按计划稳步实施，截至 2012 年 3 月底，经省际交通运输部门核准列入拆解改造计划的船舶累计达4 149艘，拆解改造完成3 518艘，核准使用的中央财政补贴资金合计 5.2 亿元。自 2003 年部开展三峡库区船型标准化工作以来，共新建标准船2 705艘。近年来，交通运输部在川江及三峡库区船型标准化技术政策得到了较好的执行，2007 年 4 月以来，新建的过闸船舶标准化率达到 98.5%。

通过实施船型标准化，长江干线船舶运力结构得到进一步优化，三峡船闸的通过能力得到进一步提高。截至 2011 年底，长江干线船舶平均吨位已突破1 000载重吨，长江水系船舶平均吨位超过 600 载重吨。通过三峡船闸的船舶平均吨位已达1 800吨。

目前，国家正在全面推进全国内河船型标准化工作，将从之前以规范过闸船舶主尺度、淘汰老旧落后船舶和船舶防污染改造为工作重点，转向全面提高船舶安全、环保、节能和技术经济水平，实现船舶与航道、港口协调发展，促进内河水运现代化。具体将从“安全、高效、绿色、先进”四个方面入手建设现代化内河运输船队。在安全和环保上，通过严格执行船舶建造规范法规的相关要求，提高船舶的安全和环保性能；在高效上，通过船舶主尺度系列标准，提高船舶与船闸、升船机等通航设施的性能和通过能力，通过能源强度指标，提高船舶的能效性能；在绿色上，通过二氧化碳排放强度指标，实现船舶减排的目标；在先进性上，鼓励新材料、新方法、新工艺和新能源等先进技术与设备的推广应用，推动技术进步，全面提升内河运输船舶的技术含量。在推广方面，将按照“开前门、关后门、调结构”的工作方针，在新建船舶方面，通过颁布实施标准船型指标体系，确保新建船舶符合现代化船队的发展方向，杜绝不符合要求的新建船舶进入市场，鼓励建造技术经济性能更高的示范船；在现有船方面，限期淘汰安全、环保性能差的水泥质船、挂桨机船、单壳液货船、生活污水排放不达标的船舶，以及不利于提高船闸效率的小吨位过闸船舶，对于其他不满足标准船型指标要求的现有船舶，按照自然淘汰、引导淘汰和改造成标准船三种方式分类推进，逐步实现标准化。

同时，根据组织实施内河船型标准化，促进内河船舶运力结构调整的成功经验，交通运输部正在研究对沿海运输船舶制定新的船舶技术标准，提高运输效率、促进节能减排，对达不到新的船型技术标准的老旧运输船舶采用经济手段引导报废更新。

一般情况下，对正在使用的不符合新标准且未达到规定报废船龄的船舶采用非强制的手段，按照自愿的原则，通过经济手段引导其报废更新、改造；但对环境、安全、公共利益影响大的船舶采用行政手段，强制其提前报废，对于这类船舶，由政府对船舶所有人给予一定的补偿，这也符合依法行政和建设服务型政府的要求。

对于经济鼓励政策的资金补贴和强制提前报废的补偿的具体办法，《条例》授权由国务院交通运输主管部门会同国务院财政部门制定。

第十六条　水路运输经营者不得使用外国籍船舶经营水路运输业务。但是，在国内没有能够满足所申请运输要求的中国籍船舶，并且船舶停靠的港口或者水域为对外开放的港口或者水域的情况下，经国务院交通运输主管部门许可，水路运输经营者可以在国务院交通运输主管部门规定的期限或者航次内，临时使用外国籍船舶运输。

在香港特别行政区、澳门特别行政区、台湾地区进行船籍登记的船舶，参照适用本条例关于外国籍船舶的规定，国务院另有规定的除外。

【释义】本条是对外国籍船舶临时从事国内水路运输的特殊性规定。

本国沿海和内河运输原则上只能由本国船舶经营，是世界上不少国家的通行做法。我国《中华人民共和国海商法》规定，非经国务院交通主管部门批准，外国籍船舶不得经营我国港口间的海上运输。《条例》规定了水路运输业务经营者不得使用外国籍船舶经营国内的水路运输业务。但考虑到水路运输的实际情况，《条例》规定了在国内没有能够满足所申请运输要求的中国籍船舶的前提下，允许经营者经国务院交通运输主管部门批准临时使用外国籍船舶从事国内水路运输，并规定了使用外国籍船舶停靠的港口或者水域应当为对外开放的港口或者水域。

在过去的实践中，经国务院交通运输主管部门批准，曾经临时允许使用外国籍的港机运输船舶、与海洋工程相关的特定运输船舶、乙烯、液化天然气（LNG）等特种运输船舶从事国内水路运输。

另外，需要注意本条与《条例》第十一条的关系，《条例》第十一条限制的是外国经营主体，本条限制的是外国籍船舶。

第三章　水路运输经营活动

［本章提要］本章共八条，就水路运输经营者的经营范围、船员和船舶配备、超载禁止、一般性经营要求、危险货物水路运输、旅客和货物班轮运输、水路应急运输和紧急运输，以及水路运输经营者报送统计信息等进行了规定。

第十七条是对水路运输经营主体经营范围的规定，包括水路运输经营的范围和经营范围取得的方式；第十八条是关于水路运输经营者及船舶义务性的规定，主要包括船舶处于适航状态、按照核定的范围经营、不得货船客用及超载等内容；第十九条是关于水路运输经营者服务质量和为水路旅客运输提供承运人责任保险或财务担保等方面的规定；第二十条是对危险货物水路运输的要求；第二十一条和二十二条是关于水路旅客、货物运输经营者从事班轮运输的相关规定；第二十三条规定了对水路运输经营者在应急运输和紧急运输方面的要求，以及交通运输主管部门在紧急运输中的职责；第二十四条是关于水路运输经营者报送有关统计信息的规定。

本章所说的“水路运输经营活动”，是指始发港、挂靠港和目的港均在我国管辖的通航水域内的从事经营性旅客运输活动或货物运输活动。水路运输经营活动按航行区域分为沿海运输和内河运输。沿海运输是指沿我国海岸线附近以及陆岛、岛与岛之间的水路运输活动；内河运输是指使用船舶在国内通航的江湖、河川等天然或人工水道，运送货物和旅客的一种运输方式，它是水上运输的一个组成部分，是内陆腹地和沿海地区的纽带，在现代化的水路运输中起着重要的辅助作用。按经营地域分为省际（跨省、区、市）运输和省（区、市）内运输。省际运输主要是指水路运输经营者的经营范围可以不局限于其所在的省份，而是可以在沿海及内河的各港口间进行航行。相反，省内运输，则只允许经营者在省内的各港口间进行经营活动。提出省际运输和省内运输的概念，主要是方便各级交通运输主管部门的管理，为了更好地规范水路运输市场行为，维护水路运输市场的秩序。按经营船舶的种类分为货船运输和客船运输。货船运输分为普通货船运输和散装液体危险品船运输，散装液体危险品船运输分为液化气体船运输、化学品船运输和油船（含沥青船）运输。客船运输分为普通客船（含客渡船、旅游客船）运输、客滚船（含车客渡船、载货汽车滚装船）运输和高速客船运输。

第十七条　水路运输经营者应当在依法取得许可的经营范围内从事水路运输经营。

【释义】本条是关于水路运输经营主体经营范围的规定。

《中华人民共和国行政许可法》第八十条：“被许可人有下列行为之一的，行政机关应当依法给予行政处罚；构成犯罪的，依法追究刑事责任：（一）涂改、倒卖、出租、出借行政许可证件，或者以其他形式非法转让行政许可的；（二）超越行政许可范围进行活动的；（三）向负责监督检查的行政机关隐瞒有关情况、提供虚假材料或者拒绝提供反映其活动情况的真实材料的；（四）法律、法规、规章规定的其他违法行为。”《条例》在修订过程中，依据《中华人民共和国行政许可法》第八十条第二款对水路运输经营者的经营范围作出规定。

一、水路运输经营者应当依法取得经营许可

这里所说的“依法取得经营许可”，是指水路运输经营者要按照有关法律、法规和规章规定的条件和程序，取得水路运输经营资格。这里的“法”包括《中华人民共和国行政许可法》、本条例及国务院制定的其他有关行政法规、交通运输部制定的有关规章。

经营许可，是国家依法设立的从事水路运输经营业务的市场准入制度，它要求经营者必须向政府申请取得水路经营许可；未经许可，不得擅自从事任何水路运输经营业务。设立水路运输经营许可制度，是基于水路运输业的特殊性决定的。行政许可是对特定活动的事前控制，作为一项行政权力和管理方式，对于维护公民人身财产安全和公共利益，加强经济宏观管理，保护并合理分配有限资源等都有重要的作用。国内水路运输行业是结构竞争行业，同时也是高风险行业，对进入这一行业实行许可制度是非常必要的。因此，水路运输经营者也要依法取得经营许可。

目前，由于内河运输和沿海运输对于船舶要求不同，海船由海上交通水域（海域、海口）进入长江河道水域（内河）其安全受多种因素制约，实际上形成了相对独立的内河运输市场和沿海运输市场。原则上，取得内河运输经营资格的水路运输经营者使用适航的船舶在国内各通航的内河水运内航行，取得沿海运输经营资格的水路运输经营者使用适航的船舶在国内沿海各港口间进行航行。在航道条件满足的情况下，一些进行沿海运输的海船也可在某些内河水域航行。

从船舶种类来说，对水路运输经营者经营普通货船运输实行的是单一许可，对于散装液体危险品船运输和客船运输则是按照船舶的种类分别实行许可，其中由于客运船舶涉及人民群众的生命财产安全，对普通客船（含客渡船、旅游客船）运输、客

滚船(含车客渡船、载货汽车滚装船)运输、高速客船运输实行的是分别许可;液体危险品船舶运输涉及人民群众的生命财产安全和环境保护,对液化气体船运输、化学品船运输和油船(含沥青船)运输实行的也是分别许可制度。

二、水路运输经营者应当在许可的经营范围内从事经营活动

水路运输经营者在依法取得经营许可后,应当严格按照法定的条件和《条例》规定的经营行为规范开展经营活动,不得擅自改变许可的经营范围,从事其他非经许可不得经营的经营范围。特别是由于水路运输业高投资、高风险及专业性强的特点,决定了水路运输在经营范围方面的要求较其他行业更为严格。

由于水路旅客运输涉及人民群众的生命财产安全,散装液体危险品运输涉及环境保护等,《条例》对这些行业的要求也各不相同,如果水路运输经营者不按许可的经营范围而从事其他的水路运输经营活动,一旦发生事故,将会给人民群众的生命财产和环境带来较大的危害。基于此,《条例》在修订过程中,依据《中华人民共和国行政许可法》第八十条第二款对水路运输经营者的经营范围作出规定。

第十八条　水路运输经营者应当使用符合本条例规定条件、配备合格船员的船舶,并保证船舶处于适航状态。

水路运输经营者应当按照船舶核定载客定额或者载重量载运旅客、货物,不得超载或者使用货船载运旅客。

【释义】本条是关于水路运输经营者使用船舶的义务性规定。主要包括法定条件、船员配备、适航状态、船舶装载等内容。

一、水路运输船舶法定条件、船员配备和适航状态的义务性规定

1. 船舶应当满足《条例》规定的条件

船舶要满足《条例》第十二条所规定的条件：一是船舶的经营范围要与水路运输经营者的经营范围相适应，即船舶的经营范围不能超过水路运输经营者的经营范围；二是满足《中华人民共和国船舶登记条例》和《中华人民共和国船舶和海上设施检验条例》的要求，取得有效的船舶登记证书和船舶检验证书；三是要满足国务院交通运输主管部门关于船舶的技术标准和船龄的要求（具体参见第十三条释义船舶技术标准和船龄要求与船舶检验证书的关系）。《中华人民共和国行政许可法》、《中华人民共和国行政强制法》实施后，船舶技术标准及船龄这两个问题更加突出。因此，《条例》在修订过程中对这两个问题进行了明确。

2. 应当配备合格的船员

《中华人民共和国船员条例》第四条规定："《条例》所称船员，是指依照《条例》的规定经船员注册取得船员服务簿的人员，包括船长、高级船员、普通船员。《条例》所称船长，是指依照《条例》的规定取得船长任职资格，负责管理和指挥船舶的人员。《条例》所称高级船员，是指依照《条例》的规定取得相应任职资格的大副、二副、三副、轮机长、大管轮、二管轮、三管轮、通信人员以及其他在船舶上任职的高级技术或者管理人员。《条例》所称普通船员，是指除船长、高级船员外的其他船员。"

《中华人民共和国海上交通安全法》第六条规定："船舶应当按照标准定额配备足以保证船舶安全的合格船员"。为保证船舶正常运行、安全和防污染，水路运输经营者有义务按照《中华人民共和国船舶最低安全配员规则》等有关规定，为从事经营的船舶配备合格的船员。这里所说的"配备合格的船员"主要包括三个方面的内容：

(1)为船舶配备的总的船员数额及船上必须保持的持有适任证书的船员的数额。关于船舶定员问题，国际上尚无统一的标准。我国依据《中华人民共和国海上交通安全法》、《中华人民共和国内河交通安全管理条例》和我国已加入的有关国际公约，于1998年5月1日实施了《中华人民共和国船舶最低安全配员规则》，后于2004年8月1日实施了新的《中华人民共和国船舶最低安全配员规则》(以下简称《船舶最低安全配员规则》)。《船舶最低安全配员规则》按照船舶种类、主机功率、航程、航行时间、航行区域等因素，分别规定了海船甲板部、轮机部和客运部最低安全配员标准、海船无线电人员最低安全配员标准和内河船最低安全配员标准。

(2)配备的船员应履行船员职责。随着通信技术手段的发展，船舶所有人、船舶经营人对船舶的控制和有关部门对船舶的监管，在范围、程度、时效上不断地克服着江河湖海的“距离”限制，但无法改变的是：一是船舶的水上流动性；二是船员直接地最终地操纵、控制和管理船舶；三是船长负责船舶的管理和驾驶；四是船上工作集体是由船长统领的、多部门多层次、有组织有纪律、分工协作的船上所有任职人员组成的。许多水上交通事故、污染事故、事故隐患和险情的直接原因，就是船上的船员未履行或未妥善履行其应尽的职责。《条例》再次明确要求水路运输经营者要为船舶配备在船工作期间能尽到船员职责的船员，以更好地保障水上人命财产安全、保护水域环境、保证船舶运输生产正常运转。

(3)水路运输的经营者有义务按照《船舶最低安全配员规则》的要求，为所属船舶配备合格的船员，但并不免除船舶所有人为保证船舶安全航行和作业增加必要船员的责任，但船上总人数不得超过经中华人民共和国海事局认可的船舶检验机构核定的救生设备定员标准。

3. 应当保证投入营运的船舶达到适航状态

按照《中华人民共和国船舶和海上设施检验条例》等有关规定,应对运输船舶进行法定检验,保证船舶开航前和开航时适航。

(1)保证船舶适航的理由。船舶适航是指船舶的一种状态,意味着船舶抵御风险的能力。我国《中华人民共和国海商法》第四十七条规定:"承运人在船舶开航前和开航当时,应当谨慎处理,使船舶处于适航状态,妥善配备船员、装备船舶和配备供应品,并使货舱、冷藏舱、冷气舱和其他载货处所适于并能安全收受、载运和保管货物。"由于海上运输与内河运输在船舶适航性方面具有一定的相似性,《条例》在修订过程中,也效仿《中华人民共和国海商法》的规定,要求从事国内水路运输的经营者有义务使让投入营运的船舶在开航前和开航时具有适航性。

(2)船舶不适航的情况:船体强度不足,如旧船由于船体的正常耗损,不能经受航行中的风浪;船舶吨位过小,不适合于远航区航行;船舶设计有缺陷,如一船在航行中机舱起火,因灭火设备都按设计集中安放在机舱,船员无法使用灭火设备灭火;船舶建造工艺有缺陷,如船壳钢板焊接不当,船舶在航行途中受到风浪影响,钢板脱焊,导致船舶进入沉没而使货物全损或者因货舱进水使货物遭受湿损等等。

(3)船舶适航的主要内容:一是满足船舶的船体、船机在设计、结构、性能和状态等方面能够抵御合同约定的航次中通常出现的或能合理预见的风险。二是妥善配备船员、装备船舶和配备供应品。配备船员妥善与否,应从船员数量和质量两方面体现。数量上,应满足船舶政策航行值班或者作业的需要,满足《船舶最低安全配员规则》的要求;质量上,船员能胜任本职工作。妥善装备船舶,是指船舶在各方面得到完善的装备。它要求雷达、罗经等助航仪器,锚、缆绳等系泊设备,海图、航路指南等航行资料及《货船构造安全证书》、《货船设备安全证书》、《安全管理证书》等相关船舶证书和文件均齐全、有效或可靠。妥善配备供应品,包括船舶带有充足的燃油、燃料油、物料、淡水和食品，供在下一停靠港添加之前使用。三是满足船舶适货的要求，及应妥善配备船员、供应品，并使货舱、冷藏舱、冷气舱和其他载货场所适于并能安全收受、载运和保管货物。通常包括货舱清洁、干燥、无味，污水沟和通风筒畅通，舱盖水密，吊杆或者吊车、起货机和吊货索具等装卸设备齐全，并处于有效状态。

二、船舶装载的义务性规定

（一）水路运输经营者应当按照船舶核定载客定额或者载重量载运旅客、货物。

船舶的装载量是法定的，须经船舶检验部门核定，即载客定额或者载重量。载客定额或者载重量是对船舶运输装载量的限定，超过装载定额运输将严重威胁到船舶运输与安全，同时容易造成水路运输市场的不公平竞争。本款这一规定有两层含义：

1. 水路运输经营者应当按照船舶核定载客定额载运旅客。核定载客定额是指船舶营运证件核定的允许载运旅客的人数。

2. 水路运输经营者应当按照船舶核定载重量载运货物。核定载重量是指船舶营运证件核定的允许载运货物的重量。

（二）水路运输经营者不得超载或者使用货船载运旅客。

本款这一规定有两层含义：

1. 不得超载

超载包括超过船舶核定载客定额载运旅客，或者超过船舶核定载重量载运货物。船舶超载历来是水上交通安全中最为普遍的违法现象，也是导致水上交通事故频发的主要原因之一。在经济利益驱动下，目前一些运输船舶，为了获得最大利润，想方设法超载运输，而且相互之间竞相效仿，导致了不正当竞争的恶性循环。船舶超载运输包括以下情形：一是超核定载重线载运货物；二是集装箱船载运超过核定箱数；三是滚装船装载超出船舶营运证件核定的车辆数量；四是未经核准乘客定额载客航行；五是超乘客定额载运旅客等等。现实当中，超载船舶中又以小型运输船舶居多。船舶在超载运输过程中，船舶储备浮力减少，船舶稳性、强度变差，导致船舶的抗风浪、抗碰擦能力大大减弱，在遭遇大风浪或发生碰撞、触礁、触碰等险情时，极易导致船舶翻沉的恶性事故。船舶超载风险极大，船毁人亡的惨剧屡见不鲜，同时，超载对于航道等水运基础设施的建设也会有一定的损害。然而，船舶超载运输却屡禁不止，已然成为影响水上交通安全的一大顽疾。因此，《条例》明确规定禁止超载，以更好地维护水路运输安全。

2. 不得使用货船载运旅客

这里说的"货船载运旅客"是指货运船舶违反有关规定运输旅客。货船主要用于运输货物，不得运输旅客。由于客运船舶是专门用于运输旅客的，其设计和制造标准较高，对船舶本身的防水密封性、舒适性、安全性、方便性都有具体的要求。货船在这些方面的要求较低，达不到客船的要求。

第十九条　水路运输经营者应当依照法律、行政法规和国务院交通运输主管部门关于水路旅客、货物运输的规定、质量标准以及合同的约定，为旅客、货主提供安全、便捷、优质的服务，保证旅客、货物运输安全。

水路旅客运输业务经营者应当为其客运船舶投保承运人责任保险或者取得相应的财务担保。

【释义】本条是关于水路运输服务质量和水路客运承运人责任保险等方面的规定。

一、水路运输经营者应当遵守法律、行政法规和水路运输规章、质量标准及合同约定

水路运输经营者应当遵守的法律、行政法规和规章等主要有：

3

（一）法律

水路运输经营者应当遵守的法律主要有《中华人民共和国合同法》。该法第十七章，即“运输合同。”该法第二百八十八条规定：“运输合同是承运人将旅客或者货物从起运地点运输到约定地点，旅客、托运人或者收货人支付票款或者运输费用的合同。”该法第二百八十九条规定：“从事公共运输的承运人不得拒绝旅客、托运人通常、合理的运输要求。”该法第二百九十条规定：“承运人应当在约定期间或者合理期间内将旅客、货物安全运输到约定地点。”该法第二百九十一条规定：“承运人应当按照约定的或者通常的运输路线将旅客、货物运输到约定地点。”这些条款对承运人的基本义务作出了规定，这些义务对水路运输经营者也同样适用。

（二）行政法规

水路运输经营者应当遵守的行政法规主要有《水路货物运输合同实施细则》。该实施细则第九条第一款规定：承运人“应按商定的时间和地点调派适航、适载条件的船舶装运，并备妥相应的护货垫隔物料；但按规定应由托运人自行解决的特殊加固、苫垫材料及所需人工除外”；第二款规定：承运人“对承运货物的配积载、运输、装卸、驳运、保管及交接工作，应谨慎处理，按章作业，保证货运质量”；第五款规定：承运人应当“组织好安全及时运输，保证运到期限”；第六款规定：承运人应当“按照船舶甲板货物运输的规定，谨慎配装甲板货物”；该实施细则通过第九条的规定来保证水路货物运输的安全。

（三）规章

水路运输经营者应当遵守的规章主要有：①《水路旅客运输规则》(1997 修正)。该规则第三章“旅客运输合同的履行”中第五十条规定：“承运人可以在任何时间、任何地点将旅客违反本规则第二十九条规定随身携带的违禁品、危险品卸下、销毁或者使之不能为害，或者送交有关部门，而不负赔偿责任。”第三十

3

七条规定:“承运人应按旅客运输合同所指定的船名、航次、日期和席位运送旅客。”这两条规定与本条规定的“为旅客、货主提供安全、便捷、优质的服务,保证旅客、货物运输安全”在立法目的上是相同的。②《国内水路货物运输规则》。该运输规则第三十条规定:“承运人应当使船舶处于适航状态,妥善配备船员、装备船舶和配备供应品,并使干货舱、冷藏舱、冷气舱和其他载货处所适用并能安全收受、载运和保管货物。”第三十一条规定:“承运人应当按照运输合同的约定接收货物。”第三十二条规定:“承运人应当妥善地装载、搬移、积载、运输、保管、照料和卸载所运货物。”第三十三条规定:“承运人应当按照约定的或者习惯的或者地理上的航线将货物运送到约定的到达港。承运人为救助或者企图救助人命或者财产而发生的绕航或者其他合理绕航,不属于违反前款规定的行为。”第三十四条规定:“承运人应当在约定期间或者在没有这种约定时在合理期间内将货物安全运送到约定地点。货物未能在约定或者合理期间内在约定地点交付的,为迟延交付。对由此造成的损失,承运人应当承担赔偿责任。承运人未能在本条第一款规定期间届满的次日起60日内交付货物,有权对货物灭失提出赔偿请求的人可以认为货物已经灭失。”第三十五条规定:“因不可抗力致使不能在合同约定的到达港卸货的,除另有约定外,承运人可以将货物在到达港邻近的安全港口或者地点卸载,视为已经履行合同。承运人实施前款规定行为应当考虑托运人或者收货人的利益,并及时通知托运人或者收货人。”该运输规则中的这些条款对水路货物运输的安全作了明确规定。

本条中的“国务院交通运输主管部门关于水路旅客、货物运输的规定”是一种概括性规定。国务院交通运输主管部门作为行业的主管者,有权力也有义务制定规范水路运输经营者经营行为以及行业管理中其他方面的规范性文件。如国内水路运输经营主体较多,多数经营者的定价都在合理的价格范围内，但近些年国内客运市场及集装箱运输领域有时也会出现恶性低价竞争现象，直接影响到水运市场健康发展，国务院交通运输主管部门发现存在以价格为手段的恶性竞争苗头时，可在一定时期、一定范围内启动运价报备制度，以便更好地维护正常的市场竞争秩序，保护承托双方的合法权益。此外，国务院交通运输主管部门还可以为了水路运输市场发展的需要，出台有关信息服务、客运联网售票等方面的规范性文件。只有具备完善的规则体系，才能为水路运输经营者提供良好的守法依据，也才能为旅客、货主提供安全、便捷、优质的服务，保证旅客、货物运输安全。

二、水路运输经营者应当为旅客、货主提供安全、便捷、优质的服务，保证旅客、货物运输安全

《条例》规定，为保证旅客、货物运输安全，提高服务质量，水路运输经营者应当认真履行有关法律、行政法规、规章，以及标准等，同时要提供安全、便捷、优质的服务。

（一）本条中规定的“安全”是对承运人应当安全运输的规定。安全运输就是承运人要确保被运输的旅客和货物以及所使用的运输设备完好无损。保证运输安全是水路运输经营者的一项主要义务。

水路运输经营者在运输过程中，首先应当保证旅客或者货物的安全，因为运输行为本身就是一项危险性极强的活动，它直接关系到人的生命和财产的安全，因此强调运输活动的安全性是运输行业的一项基本原则，也是运输合同立法的基本原则。无论是公路运输、航空运输，还是铁路运输都应当遵守这一原则，水路运输也不例外。有关法律都作了专门规定，如《中华人民共和国民用航空法》第一百二十四条、《中华人民共和国铁路法》第十条、《中华人民共和国海商法》第一百一十四条等。

运输合同是水路运输经营者与旅客或者托运人就运输事宜所作的意思表示一致的合同。在合同中,一般对运输的安全、运输时间和到达地点等作了约定,水路运输经营者应当按合同中的约定进行运输,否则就要承担违约责任。

(二)本条中规定的"便捷"是指"方便、快捷",是对水路运输经营者应当在约定的期间内或者合理的期间内按照约定或者通常运输路线进行运输的规定。水路运输经营者应当在约定或者合理的期间内,水路运输经营者应当将旅客或者托运人托运的货物运到目的地。

如果由于水路运输经营者的原因造成旅客或者货物不能按时到达目的地的,水路运输经营者就要承担运输迟延的违约责任。运输合同是从始发地到目的地的位移,这个过程中水路运输经营者要按照一定的运输路线进行运输。在运输中,水路运输经营者应当按照合同约定的路线进行运输,否则就要承担违约责任。如果没有约定,水路运输经营者应当按通常的运输路线进行运输,不得无故绕行。之所以规定水路运输经营者要按照通常的运输路线进行运输,主要原因有两方面:一是不按通常的运输路线进行运输,有可能造成运输的迟延,造成时间上的耽搁,这可能会对旅客或者托运人精神上、物质上造成不必要的损害;二是水路运输经营者按通常的运输路线进行运输可以规避一些危险。通常的运输路线一般都是经过多次运输行为的检验,并被证明是很安全的,如果不按通常的运输路线进行运输,就有可能给运输活动带来危险,给旅客或者货物带来危害。

当然,在有些情况下,水路运输经营者不按通常的运输路线进行运输,进行合理的绕行也是准许的,实践中一般不按违约处理。包括以下几种情况:①由于运输合同中列明的一些具体的事由出现而发生的绕行。例如合同中明确约定,在出现风暴的情况下,水路运输经营者可以绕行。②法律规定的情形下,水路运输经营者也可以绕行。例如《中华人民共和国海商法》第四十九条第二款规定，船舶在海上为救助或者企图救助人命或财产而发生的绕航或者其他合理绕航，不属于违反前款规定的行为。③在运输中遇到危险，为了运输工具、旅客或者货物的安全，水路运输经营者也可不按通常的运输路线进行运输，可以进行绕行。即使这种危险是运输前水路运输经营者没有做到谨慎处理使运输工具处于适运的状态所致，水路运输经营者运输必须绕行，这种绕行也是合理的。还有一点要注意的是，因不可抗力的原因致使水路运输经营者不能按照通常的运输路线进行运输的水路运输经营者也可以合理绕行。

（三）本条中规定的“优质”是对水路运输经营者服务质量提出的要求。

包括两个方面：一是水路旅客运输方面，经营者应当为旅客提供良好的乘车环境，保持车辆清洁、卫生。“清洁”，是指整洁，干净，没有污染物。“卫生”，是指没有危害健康或传染疾病的病菌。二是水路货物运输方面，经营者应当提供一个适合货物存放的环境，保证货物不被颠簸破坏、污染，能够完好无损的到达目的地，顺利完成运输。

为保证运输质量，水路运输经营者应当为旅客提供优质服务、优美环境、优良秩序。优质服务是指各项服务工作主动热情、和蔼周到、安全快捷、经济便利，主要由服务态度、服务设施、服务环境、服务项目、服务行为、服务费收、服务业务和服务技术等构成，通过服务态度端正、服务设施完善、服务项目齐全、服务行为文明、服务费收合理、服务业务熟练等，使旅客感到温暖愉快、满意；优美环境是指客运设施布局合理，整洁卫生、气氛和谐，服务环境包括自然环境、心理环境、信息环境和社会环境，为旅客创造一个舒适、温馨、祥和的施行环境；优良秩序是指客流、行包流、车流、信息流通畅合理，井然有序，便利客运服务工作总是一个动态的相互联系又互相影响的整体，保证旅客的施行通畅、准时、方便。

三、水路旅客运输业务经营者应当为其客运船舶投保承运人责任保险或者取得相应的财务担保

第二款规定设立了承运人责任保险或财务担保制度，主要目的是为了保证在遭受人身伤亡或财产损失时，旅客能得到及时地救助或赔偿。

承运人责任险制度是指运输经营者根据有关法律、行政法规和规章的规定，在运输过程中发生事故，使旅客遭受人身伤亡和直接财产损失或者危险货物受损失，依法应当由被保险人对旅客或者危险货主承担的赔偿责任，由保险公司在保险责任限额内予以赔偿的法律制度。本条中规定的承运人责任保险是指水路旅客经营者根据合同约定，向保险人支付保险费，发生合同约定的事故后，保险人对事故造成的人身伤亡和财产损失承担赔偿责任。

财务担保是指保证人和债权人的约定，当债务人不履行债务时，保证人按照约定履行债务或者承担责任的一种担保形式。《条例》规定的财务担保是指当水路旅客运输经营不履行或不能履行有关赔偿责任时，由财务担保人按照约定或从所担保的财务中进行赔偿。

承运人责任保险或者财务担保可以采用下列任何一种方式取得：①向保险公司购买保险；②将营运船舶加入船东互助保险组织，取得相应船舶互助保险；③具有担保能力的国内金融机构提供的担保。这里值得注意的是，责任保险或财务保证所承保或担保的责任金额不得低于法律、行政法规规定的船舶旅客人身伤亡赔偿责任限额。

（一）对客运规定投保承运人责任保险的目的

一是保障旅客的合法权益。水路运输业是一个高风险行业，意外事故不可避免。旅客乘坐船舶，发生意外事故，致使旅客遭受人身伤亡和财产损失，依法应有水路旅客运输经营者赔

偿责任的，由保险公司或财务担保公司在一定的责任限额内给予赔偿，有利于保护旅客的合法权益。

二是保障经营者的合法权益。前面说过，水路旅客运输是一个风险行业，这种风险对于水路旅客运输经营者也有着直接的影响。一旦发生重大、特大事故，如果对于旅客造成损害，赔偿问题得不到较好的处理，可能会产生纠纷，甚至被起诉，将对水路旅客经营者的正常经营活动乃至和员工的生活也往往会产生严重的不利影响。建立承运人责任险或财务担保制度，可以很大程度上缓解这一社会问题。不仅有利于保障受害人的合法权益，也有利于保护水路旅客运输经营者的合法权益，保障经营者正常的经营和生活。

三是促进水路旅客运输健康发展。实行承运人责任险或财务担保制度，从规范市场的意义上说，它意味着提高了客运的市场准入条件，一部分不符合规定条件的申请人将会被拒之门外，同时，也意味着一些不符合规定条件的客运经营者将会退出客运市场，有利于促进客运健康发展。

四是化解社会矛盾，维护社会稳定。在水路旅客事故中，理赔难的问题一直没有能够得到很好的解决。现有的赔偿机制，很容易造成事故后无力赔偿以及其他一系列社会问题。受害人得不到及时有效的赔偿，就会造成突出的社会矛盾，从而增加了社会不稳定性的因素。要从根本上解决事故处理难的问题，必须建立和完善承运人责任险或财务担保制度，从制度上为化解社会矛盾，维护社会稳定提供保证。

（二）关于投保主体以及如何投保

承担责任是强制保险的前提和基础。投保义务如果不与赔偿责任挂钩，保险就失去了意义。《雅典公约2002年议定书》将强制保险义务主体规定为“实际履行全部或部分运输的承运人”。因此，投保人应为水路旅客运输经营者。

由于投保的具体操作问题还需要与保险业监管机构等共

同商定,《条例》在修订过程中,就如何投保未作出明确规定。但根据实践中的做法和相关的法律规定,水路旅客运输经营者在投保时应当按照核定载客定额进行投保。保险赔偿包含:一是死亡伤残保险,对事故所造成的乘客死亡伤残费用的赔偿,死亡伤残费用包括丧葬费、死亡补偿费、受害人亲属办理丧葬事宜支出的交通费用、残疾赔偿金、残疾辅助器具费、护理费、康复费、被扶养人生活费、住宿费、误工费和被保险人依照法院判决或者调解承担的精神损害抚慰金;二是医疗费用保险,对事故受害乘客的医疗费用的赔偿,医疗费用包括医药费、诊疗费、住院费、住院伙食补助费、必要的且合理的后续治疗费、营养费;三是财产损失保险,对事故所造成的乘客的行李等财产损失承担的赔偿。

(三)《条例》的相关规定

考虑到我国设立承运人责任险或财务担保制度需要不断地总结实践经验,不断地加以完善,《条例》只作了原则性的规定。无论是承运人责任险还是财务担保,都有一个共同的目的,就是当出现运输事故等问题时,可以有效地保证受害人能够及时得到赔偿。所以在承运人责任险和财务担保的关系问题上,两者是并列共存的,水路运输经营者可以自由选择。

第二十条　水路运输经营者运输危险货物,应当遵守法律、行政法规以及国务院交通运输主管部门关于危险货物运输的规定,使用依法取得危险货物适装证书的船舶,按照规定的安全技术规范进行配载和运输,保证运输安全。

【释义】本条是关于危险货物水路运输的特别规定。

本条规定有以下三层含义:

一、水路运输经营者运输危险货物，应当遵守法律、行政法规以及国务院交通运输主管部门关于危险货物运输的规定

本条所称水路运输经营者运输的危险货物，是指列入国家标准《危险货物品名表》(GB 12268)的危险货物，但国家标准和国务院交通运输主管部门文件规定可以豁免的危险货物除外。

国家法律、行政法规以及国务院交通运输主管部门关于危险货物运输的规定，主要有《中华人民共和国港口法》、《中华人民共和国安全生产法》、《危险化学品安全管理条例》、《民用爆炸品安全管理条例》、《烟花爆竹安全管理条例》、《放射性物品运输安全管理条例》以及《水路危险货物运输规则》、《船舶载运危险货物安全监督管理规定》和《港口危险货物管理规定》等。

此外，还有一系列有关危险货物运输的国家标准和行业标准，作为上述规定的细化和技术支撑。上述规定和标准的内容不仅涉及危险货物分类、分级、标签、包装和隔离以及危险货物运输船舶性能、结构和配积载等，也包括检查、检测、处罚和培训等。

二、水路运输经营者运输危险货物，应当使用依法取得危险货物适装证书的船舶

水路运输经营者应当按照上述规定和标准的要求配备适航的船舶和适任船员。适航船舶应经检验机构检验合格并取得适航证书；适任船员应经考试合格取得适任证书。船舶装载和运输危险货物应当符合相应的规定。

从事水路运输民用爆炸物品、烟花爆竹、放射性物品、核能物质以及用于国防科研生产的危险化学品的，除应符合上述有关条例和规定外，还应当符合国务院交通运输主管部门上述特定危险物品的相关规定。

从事水路危险货物运输的经营者，应当按照国务院交通运输主管部门有关规定取得相应的资质。未取得资质的，不得从事水路危险货物运输相关业务。水路危险货物运输经营者的资质条件和许可程序按《条例》以及国务院交通运输主管部门有关规定办理。水路危险货物运输经营者经营管理人员的培训和资格认定,应当符合国务院交通运输主管部门关于水路危险货物运输从业人员培训和资格认定管理的规定。

三、水路运输经营者运输危险货物,应当按照规定的安全技术规范进行配载和运输,确保运输安全

这里的"安全技术规范"是指有关危险货物运输的国家标准、地方标准、行业标准及企业标准。如国家标准《危险货物品名表》(GB 12268)等。

单船运输危险货物时,水路危险货物运输经营者应按照主管机关确认的名称、数量及配积载要求进行运输。

船舶载运危险货物前,水路危险货物运输经营者应当检查核对托运人提交的有关单证。

内河船、驳载运爆炸品、一级易燃液体和有机过氧化物等危险货物时,不得与其他船、驳混合编队、拖带或进入同一船闸闸室。如必须混合编队、拖带时,水路危险货物运输经营者要制定切实可行的安全措施,经海事管理机构批准后执行。

装载易燃、易爆危险货物的船舶,不得进行明火、烧焊或易产生火花的作业。如有特殊情况,应采取相应的安全措施。在港时,应经海事管理机构批准和港口经营人同意并向公安机关消防监督机构备案;在航时应报船公司批准。

除客货滚装船外,载运危险货物的船舶不得搭乘旅客和无关人员。若需搭乘押运人员时,需经海事管理机构批准。

载运危险货物的船舶,应当严格遵守避碰规则,在航行、装卸或者停泊时,应当按照规定悬挂专用的警示标志,显示专用信号。载运危险化学品的船舶通过过船建筑物时,应当提前向过船建筑物管理部门申报,并接受其管理。

客船禁止载运危险货物。客滚船原则上不得载运危险货物。确需载运时，水路危险货物运输经营者应根据船舶条件和危险货物的特性制定运输方案，报省、自治区、直辖市交通运输主管部门和海事管理机构审核批准，未经审核批准不得载运。

第二十一条　旅客班轮运输业务经营者应当自取得班轮航线经营许可之日起60日内开航，并在开航15日前公布所使用的船舶、班期、班次、运价等信息。

旅客班轮运输应当按照公布的班期、班次运行；变更班期、班次、运价的，应当在15日前向社会公布；停止经营部分或者全部班轮航线的，应当在30日前向社会公布并报原许可机关备案。

【释义】本条是关于旅客班轮运输业务的规定。

本规定有以下四层含义：

一、旅客班轮运输开航

本条第一款所说的“取得班轮航线经营许可之日起60日”是指从取得班轮航线经营许可之日起算，向后数到60日。“开航15日前”是指在确定开航的日期往前倒数15日。

第二款规定的“应当在30日前向社会公布”是指从停止经营部分或全部班轮航线进行的日期往前倒数30日。

考虑到水路旅客班轮运输具有定线、定港、定期的“三定”特点，以及其作为社会公共交通服务的特殊性，本条第一款规定，经营者应当自取得班轮航线经营许可之日后60日内开航，一方面给经营者一定的时间准备适航的船舶和与靠泊港口协调船期等；还有一方面是因为客运进行承担着为人民群众出行提供便利的社会公共服务职能，其经营的客船经营航线已纳入正常的

3

客运时刻表，作为老百姓出行的参考和安排，如果经营者取得客运经营许可后一直不开航的话，将会影响老百姓正常的出行。同时，由于客运涉及人民群众生命财产等安全，对水路运输经营者从事旅客运输实行的严格控制，如果经营者取得许可后不及时开航的话，还将造成航线资源的浪费。

本条第一款还规定，旅客班轮运输业务经营者应当在开航15 日前公布所使用的船舶、班期、班次、运价等信息，也是出于满足人民群众出行的需要考虑的，让出行的人民群众能提前了解客运信息，方便安排出行。

二、旅客班轮运输经营

本条第二款规定，“旅客班轮运输应当按照公布的班期、班次运行”。

旅客运输作为公共服务，应本着旅客至上的原则，要时刻体现为人民群众出行提供服务的宗旨，应当按照公布的班期、班次运行。如果水路旅客经营者随意终止客运航线、变更客运航线，将会给群众出行造成一定的困难，对社会带来不利的影响，侵害了社会公共利益。同时，这一规定也是维护水路运输经营者信誉的需要。在市场经济条件下，诚信是生命，政府和经营者都必须讲诚信，诚信是企业赖以生存的最基本的要素。经营者要讲诚信，不能以侵害和牺牲别人的利益而换取自己的利益。水路旅客经营者在进入客运市场时，其中要具有稳定和连续经营的能力，一旦要变更相关信息或退出客运市场，也得提前向社会公布，向原许可机关备案，这也是企业诚信的体现。如果水路旅客经营者随意退出客运市场，老百姓会对公共服务不满意，影响政府的形象。

三、旅客班轮运输公布事项

本条第二款规定，旅客班轮运输“变更班期、班次、运价的，应当在 15 日前向社会公布”。

这里所说的“向社会公布”，应当由水路旅客班轮运输的经营者采用多种方式向社会公布，主要包括公告、电视、报纸、网站等方式。

《条例》规定旅客班轮运输的班期、班次不可随意变动，如变动，应经交通运输主管部门批准后，提前 15 日向社会公布，方便旅客重新安排出行的时间和方式。此外，水路旅客运输经营者作为一个企业，这就决定了它向社会提供服务职能是有偿的，追求利润最大化是其生产经营的目标。但其提供的运输服务作为一项面向社会、面向大众的公共服务，这就需要其不得随意变动运价，即使变动也需要提前 15 日向社会进行公布，以方便旅客提前了解相关信息。

四、旅客班轮运输备案事项

本条第二款规定，旅客班轮运输“停止经营部分或者全部班轮航线的，应当在 30 日前向社会公布并报原许可机关备案。”

这里所说的“原许可机关”，是指授予水路旅客班轮运输经营者经营水路旅客班轮运输经营许可的管理部门或管理机构。

《条例》规定停止经营部分或者全部班轮航线应当在 30 日前向社会公布并报原许可机关备案，一方面向社会公布是为了让人民群众能够了解到相关信息，另一方面报原许可机关备案是让原许可机关重新选择经营者或采取临时性措施，弥补原经营者退出而造成的运力空缺和班期表的脱班。

3

第二十二条　货物班轮运输业务经营者应当在班轮航线开航的 7 日前，公布所使用的船舶以及班期、班次和运价。

货物班轮运输应当按照公布的班期、班次运行；变更班期、班次、运价或者停止经营部分或者全部班轮航线的，应当在 7 日前向社会公布。

【释义】本条是关于货物班轮运输业务的规定。

在我国,从事货物班轮运输的经营者主要是从事内贸集装箱运输的企业。在国家加快推进西部大开发,加快内河水运发展的背景下,特别是伴随着新世纪我国经济的飞速发展,水运集装箱化日益得到推广。我国内贸集装箱运输经过十几年的发展,需求持续攀升。内贸集装箱量从2001年的221万TEU增加到2011年的5 253多万TEU,增长了22倍多。内贸集装箱箱位达到36.39万TEU,其中沿海集装箱船舶箱量达到20.32万TEU,内河集装箱船舶箱量达到16.07万TEU。可以说,内贸集装箱运输的发展和我国广袤大地上各地区的经济发展与产业结构有关,其货源机构和航线布置也与之息息相关。目前,内贸集装箱适箱货物已经从以前的单一货源,逐步发展到目前以粮食、化工品、建筑材料、纸浆、钢材等低值重货为基础货源,其他的货种,如汽车、日用品、家用电气、食品、饮料、白糖、橡胶、反季节瓜果蔬菜等为辅助的货源结构。目前,内贸集装箱货源流动的区域差不多遍布了沿海的所有港口,同时还向内陆延伸。据统计,2011年全年沿海规模以上港口完成内贸集装箱吞吐量4 323.62万TEU,内河规模以上港口完成内贸集装箱吞吐量930.31万TEU。

但是受地区经济发展不平衡的影响,内贸集装箱运输的发展也出现了南先北后的情况。但是随着货源不断开发,北方港口的货量明显超过了南方,内陆地区的货源也正在逐步增长。目前的货源流向主要为北方——华南、北方——华东、华南——华东。目前北方南下采用集装箱运输的主要货种是粮食类、矿类、建材类、纸浆、酒类、食品等。北上的货源主要来自华南、华东港口,货源的种类主要是建材和轻工类产品等。华东地区的货源市场主要以上海为中心,包括浙江、江苏和福建等几个省份。华东地区是我国内贸集装箱运输开展较早的地区,该地区的货种丰富,货源市场正进一步向长江内深入。目前该地区向华南和华北地区出运的主要货种有成品纸、机电产品、显像管、化工品、家电产品以及高级建材物料等。华南地区出运至华东和华北的货物主要以内墙砖、高档地砖、废旧五金、化工品等建材基础货源,还有部分陶瓷卫生洁具、家具、白糖、橡胶、日用百货、家用电器、海产品、反季节瓜果蔬菜、木材、淀粉等货物。

内贸集装箱货量所占比重日益加大,已成为各港口发展的动力。目前,广州港是沿海内贸集装箱吞吐量最大的港口,上海港一直在实施"长江计划",在长江流域上中下游的重要港口,如重庆、武汉、九江等重要码头都有投资,希望能够借此尽量大幅度地揽取来自长江流域腹地的货物。宁波港也在深入市场寻找适箱货源,推进浙江沿海、南北主干、长江两岸的内贸中转网络建设,使内贸集装箱成为集装箱发展的重要增长点。

国内的货物班轮运输具有"四定"特点,即:固定航线、固定港口、固定船期和相当固定的费率。《中华人民共和国国际海运条例》第十九条规定:"新开、停开国际班轮运输航线,或者变更国际班轮运输船舶、班期的,应当提前15日予以公告,并应当自行为发生之日起15日内向国务院交通主管部门备案。"《条例》在修订过程中参照了《中华人民共和国国际海运条例》及国际上的通行做法,规定:"货物班轮运输业务经营者应当在班轮航线开航的7日前,公布所使用的船舶以及班期、班次和运价。货物班轮运输应当按照公布的班期、班次运行;变更班期、班次、运价或者停止经营部分或者全部班轮航线的,应当在7日前向社会公布。"作出这样的规定,一方面是因为货物班轮运输经营者通常挂靠多个港口,在固定港口间运行,这些港口确定了船舶运行的路线和航线的服务范围,以方便经营者及挂靠的港口能够及时安排船期及靠泊计划。另一方面也是让服务对象能够及时了解船舶的相关信息,及时安排营运计划,缩短货物在岸上的储存时间,从而节约货物在流通中的费用。

本规定有以下三层含义:

一、货物班轮运输开航

本条第一款规定，“货物班轮运输业务经营者应当在班轮航线开航的7日前，公布所使用的船舶以及班期、班次和运价。”这里所说的“货物班轮运输”，是指固定船舶按照公布的船期或有规则地在固定航线和固定港口间的从事货物（含集装箱）运输。这里所说的“开航的7日前”，是指在船舶开航的日期往前倒数7日。

二、货物班轮运输经营

本条第二款规定，“货物班轮运输应当按照公布的班期、班次运行”。货物班轮运输是在固定班期、固定班次、固定航线和固定港口间的从事货物（含集装箱）运输，应当按照公布的班期、班次运行。如果货物班轮运输经营者随意终止货物班轮航线、变更货物班轮航线，对社会带来不利的影响，侵害社会公共利益。同时，这一规定也是维护水路运输经营者信誉的需要。在市场经济条件下，诚信是生命，政府和经营者都必须讲诚信，诚信是企业赖以生存的最基本的要素。货物班轮运输经营者在进入货物班轮运输市场时，其中要具有稳定和连续经营的能力，一旦要变更相关信息或退出货物班轮运输市场，也得提前向社会公布，向原许可机关备案，这也是企业诚信的体现。

三、货物班轮运输变更、停止事项

本条第二款规定，货物班轮运输“变更班期、班次、运价或者停止经营部分或者全部班轮航线的，应当在7日前向社会公布”。这里所说的“向社会公布”，应当由从事水路货物班轮运输的经营者采用多种方式向社会公布，主要包括公告、电视、报纸、网站等方式。

《条例》规定货物班轮运输的班期、班次、运价不可随意变动，班轮航线也不能部分或者全部停止经营。如变动或停止经营，应经交通运输主管部门批准，并提前 7 日向社会公布，以方便货主能提前了解相关信息。

第二十三条　水路运输经营者应当依照法律、行政法规和国家有关规定，优先运送处置突发事件所需的物资、设备、工具、应急救援人员和受到突发事件危害的人员，重点保障紧急、重要的军事运输。

出现关系国计民生的紧急运输需求时，国务院交通运输主管部门按照国务院的部署，可以要求水路运输经营者优先运输需要紧急运输的物资。水路运输经营者应当按照要求及时运输。

【释义】本条是关于应急运输和紧急运输的规定。

本条规定有两层含义：

一、水路运输经营者依法优先运输的义务

本条第一款规定，"水路运输经营者应当依照法律、行政法规和国家有关规定，优先运送处置突发事件所需的物资、设备、工具、应急救援人员和受到突发事件危害的人员，重点保障紧急、重要的军事运输"。

在《中华人民共和国突发事件应对法》出台之前，相关水路运输应急工作主要体现在防汛救灾物资、人员运输保障方面，如《中华人民共和国防洪法》第四十三条规定，在汛期，运输等有关部门应当优先为防汛抗洪服务；《中华人民共和国港口法》第二十七条规定，港口经营人应当优先安排抢险物资、救灾物资和国防建设物资的作业。2003 年"非典"防治工作结束后，国家加快了突发事件应对方面的工作力度，先后制定了国家突发事件应

3

急预案体系以及《中华人民共和国突发事件应对法》。《中华人民共和国突发事件应对法》第五十二条规定，履行统一领导职责或者组织处置突发事件的人民政府，应当组织协调运输经营单位，优先运送处置突发事件所需物资、设备、工具、应急救援人员和受到突发事件危害的人员。按照国家突发事件应急预案框架，经国务院同意，国家交通运输主管部门于 2009 年 1 月份修订发布了《水路突发事件应急预案》；2009 年 11 月份依据水路突发事件应急预案，制修订发布了《水路煤炭运输保障应急预案》等分预案。依据《水路突发事件应急预案》及《水路煤炭运输保障应急预案》分预案要求，根据应急响应类别，水路交通应急指挥机构向应急执行单位、应急支持保障单位发紧急通知，要求配合做好煤炭应急运输工作；有关航运企业在接到水路煤炭应急运输工作的指令后，应迅速制定执行方案并组织实施，有关港口企业要保证港口煤炭接卸以及车船周转效率，实现水路煤炭快速高效运输。

水路军事运输作为国防建设一项重要工作，水路运输经营者有责任、也有义务承担好，各级相关交通运输管理部门有责任、也有义务做好组织协调工作，共同确保军事人员和物资的水路运输安全、畅通、高效。按照国家相关规定，水路军事运输实行计划管理与市场管理相结合的方式。为保证军事运输的顺利实施，提高水路运输经营者的积极性，国家对水路军事运输价格实行政府定价，水路军事运输价格采取贴近市场的原则，具体运价费率会根据市场运价总体变化情况不定期修订。

二、交通运输主管部门实行优先运输的职权

本条第二款规定，"出现关系国计民生的紧急运输需求时，国务院交通（运输）主管部门按照国务院的部署，可以要求水路运输企业优先运输需要紧急运输的物资。水路运输经营者应当按照要求及时运输"。这一规定赋予了国务院交通运输主管部

门对关系国计民生的物资紧急运输情况下的组织协调职责，明确国务院交通运输主管部门组织协调的对象是所有的水路运输经营者。本款同时也明确水路运输经营者承担关系国计民生物资紧急运输的义务。

在计划经济体制及中国特色社会主义市场经济体制初期，国务院交通运输主管部门主要组织其直接管理的国有港口、航运企业来承担关系国计民生的紧急运输，依据原《水运调度规程》，直接下达运输生产调度计划，通过安排船舶靠离港、装卸船以及货运计划和船舶航次运输计划等，组织港口单位、航运单位做好港航生产（物资人员运输）。随着社会主义市场经济的逐步建立、"政企分开"制度的改革，港口、航运单位与政府（交通运输主管部门）脱钩，国务院交通运输主管部门在组织协调关系国计民生的紧急运输职责方面无法律依据的状况比较凸显，本条规定为国务院交通运输主管部门组织协调关系国计民生的紧急运输提供了法律依据。

关系国计民生的物资，主要是指煤炭、石油、铁矿石、粮食、化肥等大宗能源、原材料等类物资以及特殊时段、特殊时期的特殊物资。如 2003 年"非典"期间，国务院交通运输主管部门按照国务院部署，组织协调"非典"防治药品、口罩等物资运输。2004 年至 2007 年夏季我国华东、华南等地区连续出现用电紧张状况，拉闸限电频繁，按照国务院的部署，国务院交通运输主管部门组织协调港航企业抢运电煤，优先保障电煤运输接卸、装船、运输。2008 年初我国部分省份出现持续低温和雨雪冰冻天气，导致电力需求旺盛、电煤库存急速下降、电力供应吃紧，全国 19 个省市出现拉闸限电情况，给人民群众生产生活带来了很大影响。交通运输部先后共组织协调1 000万吨船舶运力参与电煤抢运工作，组织秦皇岛港等煤炭港口有限安排电煤装卸，圆满完成了交通水路煤炭运输保障。随后，经国务院批准，成立煤电油气运部际协调会议制度，由国家发展和改革委

3

员会牵头，交通运输部等相关部委参加，统筹协调保障国家煤电油气运平稳运行。

第二十四条　水路运输经营者应当按照统计法律、行政法规的规定报送统计信息。

【释义】本条是关于报送有关统计信息的规定。

统计是人们为了认识、研究客观现象，对其数量特征进行搜集、整理和分析的活动。政府和政府有关部门需要运用科学的统计方法，对经济社会发展情况进行统计调查、统计分析，为经济社会的运行提供分析咨询意见，为政府管理经济社会事务提供决策依据。《条例》规定水路运输经营者应当按照规定报送统计信息，主要是为交通运输主管部门提供有关水路运输经营相关情况的数据资料，为其管理水路运输事务提供决策依据，同时利用可以公开的统计资料为社会公众提供信息服务。

本条规定有两层含义：

一、水路运输经营者应当遵守统计法律、行政法规的规定

这里的“统计法律、行政法规”主要有：

(一)《中华人民共和国统计法》

该法第七条规定“国家机关、企业事业单位和其他组织以及个体工商户和个人等统计调查对象，必须依照本法和国家有关规定，真实、准确、完整、及时地提供统计调查所需的资料，不得提供不真实或者不完整的统计资料，不得迟报、拒报统计资料”。根据该条的规定，水路运输经营者应当依照本法和国家有关规定，真实、准确、完整、及时地提供统计调查所需的资料。真实、准确是应当依据真实、客观的情况和资料提供统计资料，不得提供不真实、不准确的统计资料；完整是指应当提供其所掌握的调查项目所要求的全部资料，不得提供不完整的统计资料；及时是指应当按照统计调查制度规定的时限提供统计资料，不得迟报、拒报统计资料。提供不真实或者不完整的统计资料，或者迟报、拒报统计资料的，应当依法承担相应的法律责任。

（二）《中华人民共和国统计法实施细则》

该实施细则第四条规定，“统计调查对象应当依照《中华人民共和国统计法》和国家有关规定，如实提供统计资料和情况，不得虚报、瞒报、拒报、迟报，不得伪造、篡改。”为掌握国内水路运输有关情况，水路运输经营者应按照交通运输主管部门的有关规定履行统计报送有关信息的义务。

二、水路运输经营者应当按照统计法律、行政法规的规定报送统计信息

这里所说的“统计信息”是指有关水路运输经营相关情况的数据资料。如根据《国内航运统计报表制度》的规定，统计的内容主要是有关国内航运企业的基本情况，水路船舶运力及运量情况，老旧船舶报废情况等。

水路运输经营者应当依法报送有关统计信息，对企业的发展有很大的积极意义，因为交通运输主管部门根据这些统计信息制定的政策、规范能够更加符合客观情况，更能够满足企业当前发展和长远发展的需要。

第四章　水路运输辅助业务

[本章提要] 本章共八条，对从事船舶管理、船舶代理、水路旅客运输代理、水路货物运输代理等水路运输辅助业务应具备的条件、经营范围、取得许可或办理备案手续的程序、终止经营应履行的手续及其在经营活动中应履行的义务等进行了规定。

第二十六条和第二十七条建立了国内船舶管理业务经营的许可制度。其中，第二十六条规定了从事国内船舶管理业务经营应具备的许可条件，第二十七条规定了国内船舶管理业务的许可机关、许可程序和许可期限。第二十八条对国内船舶管理业务经营者与委托船舶管理服务的委托人之间的关系及应当履行的义务作出了要求。第二十九条、第三十条和第三十一条对船舶代理、水路旅客运输代理、水路货物运输代理的经营范围、备案要求以及应履行的义务作出了规定和要求。第三十二条对国内船舶管理业务经营者终止经营行为应办理的相关手续、经营范围作出了一般性的要求；对外国经营者从事水路运输辅助业，水路运输辅助业报送有关统计信息也作出了相关要求。

第二十五条　运输船舶的所有人、经营人可以委托船舶管理业务经营者为其提供船舶海务、机务管理等服务。

【释义】本条是对船舶管理业的原则性规定。

本条明确了船舶管理业务经营者的主要服务内容和服务提供方式,即运输船舶可以委托专业化船舶管理公司对其进行安全管理,其中以海务、机务管理为主要内容。

一、关于船舶管理业务

近些年,我国水路运输业发展较快,船队规模发展迅速,现在已成为世界航运大国。在水路运输业不断飞速发展的同时,诞生了包括很多民营企业家在内的更多的船东,但其中部分船舶投资人不是航运专家,他们需要委托专业的船舶管理业务经营者对其经营的船舶进行专业化的安全管理,将船舶经营管理权和船舶安全管理权进行分离,以期达到管理资源配置专业化,并保障运输船舶安全航行的目的。特别是目前国际、国内经营环境变化迅速,国际海事组织及港口国对船舶航行安全以及安全管理等都提出了更高、更严的要求,使得将运输船舶移交给专业船舶管理公司管理的趋势日渐明显。

现行《国内船舶管理业规定》第二条规定:"本规定所称船舶管理业,是指船舶管理经营人根据约定,为船舶所有人或者船舶承租人、船舶经营人提供下列船舶管理服务:(1)船舶机务管理;(2)船舶海务管理;(3)船舶检修、保养;(4)船舶买卖、租赁、营运及资产管理;(5)其他船舶管理服务。"《条例》对船舶管理业所做的原则性规定,其内涵与外延和现有的船舶管理业概念一致,即船舶管理业务由专业化船舶管理公司承担并提供服务,主要通过委托方式进行,主要包含五种不同的服务内容。

根据国际船舶管理人协会制定的《船舶管理标准规则》(简称 ISMA 规则)规定:船舶管理公司是指通过合同或具有法律约束力的文件,接受委托人的委托、控制和负责船舶管理或船员管理的组织。我国的学者一般认为,船舶管理公司是指接受船舶所有人的委托代其管理船舶及船员,并提供船舶保养、维修、租赁、安全防污染管理、船员的雇佣及配备等服务的企业。

所有水路运输辅助业的出现是都是随着水路运输专业化分工而出现的,与传统意义上的水路运输有着密切的关系。目前,我国船舶管理业由于主要负责代为管理船舶安全与防污染工作,涉及航运安全和环境保护,因而是航运业产业链中的重要环节和模块,也是水路运输管理的核心内容之一。

二、船舶管理业务在我国的现状

截至2012年6月,全国共有船舶管理企业667家,共管理各类船舶3 269艘。其中:仅从事国际船舶管理的企业有289家,管理船舶共1 296艘,主要以散货船舶和其他类型的货船为主;仅从事国内船舶管理的企业306家,管理船舶1 737艘,主要以化学品船、油船和散货船、其他类型的货船为主;国际、国内兼营的船舶管理企业72家,管理船舶236艘,也主要是以散货船和其他货船为主。

当前,我们船舶管理业主要呈现四个方面的特点:

一是多数管理企业的规模较小,管理船舶数量较少,平均每家船舶管理企业管理的船舶只有4.9艘。管理船舶5艘以下的企业有315家,占全部船舶管理企业总数的47.3%;管理船舶6~10艘的企业有91家,占总数的13.62%;管理船舶11艘以上的有75家,占总数的11.32%。

二是国内沿海油船、化学品船代管比例较高。目前,国内沿海代管油船207艘,占沿海500总吨以上油船总数的21.9%;代管国内化学品船124艘,占沿海化学品船总数的50.6%。

三是部分企业取得了资质但是未开展船舶管理业务。这部分企业的数量达186家,约占企业总数的27.84%,而这其中,为国际船舶提供管理的企业占半数以上。这一现象的形成,主要是因为一部分企业刚刚成立或者市场竞争能力较弱,难以承揽船舶管理业务;另一部分企业仅仅从事船员外派或者仅仅只是管理方便旗船舶，其没有建立安全管理体系或者只有境外机构核发的安全管理体系证书，不符合国内的相关要求；还有一部分企业兼具国内水路运输经营资质，船舶管理并非其主营业务。

四是专业的船舶管理公司约占全国船舶管理公司总数的六成左右，兼具水路运输经营资格的船舶管理公司约占总数的四成左右，这说明船舶管理公司有向专业化发展的趋势。

总体上看，绝大多数船舶管理业务经营者都能较好地保持企业经营资质、守法经营，部分经营者在提高管理能力和专业化发展方面都作出了很大努力，取得了较好的成效。但是当前，船舶管理市场也存在着以下主要问题：

一是多数船东没有真正意识到船舶管理为其提供服务的意义和附加价值。许多船东只是为了符合国际公约或者安全与防污染管理规定，或者为了降低安全管理支出，将船舶交由船舶管理企业进行代管的目的只是为了取得相应的安全与防污染证书，而非真正的想通过代管提高船舶安全管理水平和营利能力。

二是少数船舶管理公司进行价格竞争，不能真正履行船舶管理的职责，安全管理和提升服务流于形式。因此，代而不管、代而管不了、代而不让管、同一经营者的船舶交由多家船舶管理企业代管、航运发达地区的船舶在航运不发达地区代管、船舶频繁变更代管企业等现象经常发生。

三是目前船舶管理市场上真正具备船舶管理能力的高级管理人员稀缺，流动性也比较大，还有一些中小型船舶管理企业专职管理人员综合能力较弱、变更频繁、知识陈旧、兼职、年龄偏大等问题也都比较突出。

4

三、关于海务、机务管理

在船舶管理业务中，海务、机务管理最为重要，内容和专业化程度也相对较高。

(一)海务管理

海务管理是航运公司船舶管理的重要内容之一。所谓海务管理,是指为对船舶安全、货物配载、气象导航等事务的综合管理。良好的海务管理,将为船舶营运提供强有力的安全保障,而船舶的安全是一切航运经营活动的前提。优秀的海务管理可以使船员和船舶达到高度的默契,大大提高工作效率和安全系数,从而缩短船舶运转周期,提高营运效率,为航运公司实现营运目标起着至关重要的作用。

具体而言,海务管理主要包含以下五种具体工作:

1. 对体系文件、图书资料及证书管理

参与船舶安全、防污染等各类体系文件的建立和执行督导,并负责制定与船舶管理相关的管理性文件,是海务管理的重要任务。具体要求是,根据最新国际公约、国家法律、行政法规、部门规章、规范性文件和相关强制性技术规则、建议性规则、实施指南和标准等,对各类体系文件进行修改,保持涉及海务管理的相关体系文件符合要求、持续有效,保证体系文件适合国家有关要求。同时,对各类船舶文件、证书进行跟踪管理,保持各类船舶文件、证书最新有效,也是海务管理的重要内容。在各类体系文件、船舶证书、文书有效的基础上,海务管理需要跟踪港口国、船旗国等各类检查。另外,海务管理还需要根据各类体系文件做好船舶各种图书资料的配备工作,利用各种途径了解国际海事法律、法规及国际公约的最新情况,并将其最新资料配备上船,使船员及时掌握最新信息。最后,海务管理还应当在具体工作中,利用其丰富的管理经验,并为不同船舶的管理提供有效的指导意见和方法。

2. 航海设施、设备管理

负责船舶通信、导航、消防、救生设备及安全仪器的管理,保持这些设备有效和处于随时可用状态,备品齐全充足,同时保持这些设备的证书始终有效。同时,对船舶和船员予以跟踪管理。

对于设施、设备管理中存在的不足，及时提出整改方案，协调船舶所有人、经营人以及相关方面，积极解决在设施设备中存在的问题和缺陷。对于船员管理中的不足，及时指正，督促船员提高操作技能。

3. 船舶应急和防污染

在应急处置工作方面，海务管理需要负责船舶应急计划的制定、执行、演练和管理，并以船舶管理者身份负责船舶交通事故和污染事故的应急处置、损害评估和调查处理，协助进行保险理赔工作。在船舶防污染方面，海务管理需要对船舶的防污染设备进行跟踪管理，负责防污器材的配备和查核，保证船舶防污设备始终保持状况完好和防污器材充足，并考核船员的防污应变能力，确保船舶有一定的防污处理能力。

4. 船舶保安管理

负责船舶保安计划的制订和修改；负责“国际船舶保安证书”的申请工作；负责船舶保安器材的维护和测试；负责《船舶保安计划》的编制与报批；负责船舶在航和在港安全，防止保安事件发生。

5. 货物装载配载管理

对船舶所载货物进行跟踪管理。对于拟承运的新货种或新挂靠港口，海务管理负责对其进行调查、评估，确认船舶是否适合装运该货种或靠泊该新港口和泊位，以保证船舶安全靠离泊和快速安全装卸，提高运营效率。

（二）机务管理

所谓机务管理，是指对船舶机械安全、工况研究、燃油成本控制、设备物料维护的管理工作，可简单归纳为对船上机器的操作、维修、保养三大方面。机务管理也是航运公司船舶管理的重要内容之一。对于航运公司而言，保证船舶适航是其得以持续有效经营的基本要求。为此，如何保证船舶设备稳定、持续、可靠、安全地运转，以及船舶管理活动（如船舶修理等）按计划顺利、按时完成,是航运公司的重要内容。船舶的机务管理工作,需要严格按照有关国际公约、船旗国法律法规、船级社规范等方面的要求进行。机务管理工作,在现代航运管理中已经很少运用人工全部完成,经过长期的摸索发展,目前的机务管理工作主要依靠机务管理系统完成。船舶机务管理系统的本质是辅助或者实现船舶机务管理的计算机软件。

具体而言,机务管理系统主要包含以下三个主要管理模块:

1.船舶设备维修保养

船舶设备维修保养是船舶机务管理的重要内容,也是船舶一项非常重要的日常工作,设备的好坏,直接影响到船舶的正常营运和安全,是决定船舶能否出航、能否延长设备寿命,如何降低维修成本的重要环节,但也是在管理上非常复杂的一个环节。设备维修保养应当坚持预防为主的方针,机务管理应当积极做好日常的船舶设备维护保养工作,避免因设备维护保养工作不到位,而引起的设备故障修理、事故修理等被动情况的出现。即使由于船舶设备老化,偶尔出现临时性的修理情况,机务管理也应当能争取做到在船舶营运的间隙有计划地进行,避免对船期计划造成影响。

船舶设备维修保养工作经历了一个较长的探索,才发展到今天的比较完善的计划保养体系,即船舶机械计划保养体系(Planned Maintenance System,简称PMS),这是一种科学、实用的船舶设备管理模式。它的有效实施,能有效地规范船舶设备维修保养,避免人为因素而造成的影响,提高设备的可靠性。它对船舶的每一台具体设备,根据设备维修和保养手册,编制该设备具体的保养内容(工作信息),依据定时、定期或事件(如每航次或每拖航)及工作等级(如F级、H级等),自动产生工作计划。根据前后允差,产生不同的维修保养报警、对每一项工作可做完工报告,包括产生的测量报告、年度保养计划及分解到每月执行的月度保养计划,自动产生年检、中间检、特检及其他各种报表,可以完全适应 PMS 检验、循环检验及特检业务的要求。另一项功能是由专业人员整理和初始化的船舶设备说明书、设备出厂证书、维修手册、完工图纸、设计院技术设计和详细设计图、设备的部件(包括部件图)及部件的配件明细(组成设备的全部部件及配件,可对外文配件名进行专业的中文化)。在这一系统中,一般一艘船舶的设备资料大小(是经过压缩的 PDF)都要在 1.5GB 以上,配件数量在 1 万种以上。

2.船舶备件采购及库存管理

这一部分工作主要是负责船舶备件的采购、配备和存储。现有的机务管理系统可以对船舶配件的申请、采购以及出入库管理进行流程控制,达到及时采购、降低采购成本、控制消耗的目的;并可以提供:备件的编码(可以与配件的部件图相关联)、各船舶备件申请单的合单、询价、报价、比价(多家比价、历史比价、比价图直观比价)、备件到货(分单、多批次到货、多批次入库)、入库、消耗、出库、移库等各方面的信息,可以有效地提高工作效率和工作的准确性。

3.油料管理

船舶的油料费用是船舶运营中最大的一项支出,对油料的合理管理,即可以保障船舶的航行安全,又可以减少油料费用的支出。油料管理包括:燃油、滑油以及淡水,同时产生各种管理所需报表。

除上述主要管理内容外,船舶机务管理还包括船舶数据同步管理和业务数据维护(如油料种类、型号、燃油单价、港口编码、航线编码等)等其他管理工作,在此不予详述。

第二十六条　申请经营船舶管理业务,申请人应当符合下列条件:

(一)具备企业法人条件;

（二）有健全的安全管理制度；

（三）有与其申请管理的船舶运力相适应的海务、机务管理人员；

（四）法律、行政法规规定的其他条件。

【释义】本条是关于船舶管理业务经营人许可条件的规定。

根据《中华人民共和国行政许可法》的规定，设定行政许可应当具体规定行政许可的实施机关、条件、程序、期限等，其中以许可条件为核心内容，许可条件的明确是许可制度设立的标志。本条对船舶管理业务经营主体的性质、制度建设、人员要求等方面明确提出了具体的许可条件，实际设立了船舶管理业务许可制度。

一、设立船舶管理业务许可制度的必要性和意义

《条例》在修订过程中，按照经济和社会发展规律，以充分发挥市场机制在资源配置和结构调整中的基础性作用为原则，对水路运输行业的整体行政许可制度进行了较为合理的设计，精简了许可数量、简化了许可程序，下放了许可层级。同时对于确需设立行政许可的项目，在许可条件方面也进行了合理的设计。

与原《条例》相比，对水路运输辅助业的管理，《条例》仅对船舶管理业保留了许可制度，对其他辅助业的管理则改为备案制度，主要是考虑到：一是船舶管理业务直接涉及船舶航行安全、防治污染、应急处置和事故调查处理等重要方面，而这些方面又直接关系到水路运输市场的安全形势，对水路运输市场的日常管理工作具有重要影响，对维护水路运输市场的正常营运秩序有重要意义；二是船舶管理业务中所包含的海务、机务等管理事项，具有较高的专业性，对船舶管理企业及其从业人员需要提出明确、严格的要求。如果不对船舶管理业务的从业主体、从

业人员设立入门门槛，将会造成船舶管理市场的混乱。良莠不齐的船舶管理企业将进一步加剧现有市场矛盾，使低价竞争更加普遍，也会使“代而管不了、代而不想管、代而不让管”的现象进一步蔓延，使船舶管理由提供专业性服务、保障船舶安全航行的初衷，转变为部分船东降低安全管理成本的手段。

二、船舶管理业务的许可条件

如何科学划定门槛界限，合理的设置许可条件，是《条例》修订过程中的重点课题。任何一个许可，都含有抬高门槛、净化市场的诉求，那么，如何确定门槛标准，则是所有许可制度的核心内容。对于船舶管理业而言，存在“小、散、乱”的现实问题。如果一次性大幅提高入门要求，势必会造成市场的不稳定和一系列的后续管理和执行难题。2001 年，交通部颁布了《国内船舶管理业规定》（交通部 2001 年第 3 号令），并于 2009 年对其予以修订后以交通运输部 2009 年 1 号令重新发布。通过这个部门规章，自 2001 年开始，行业主管部门就在对船舶管理业从业主体和从业人员的资质要求提出了明确要求，并予以了严格的监管，可以说经过这些年的执行，船舶管理业务经营人的整体水平得到了提升和保证，为《条例》的制定打下了比较好的现实基础。

依据《国内船舶管理业规定》，经营船舶管理业应当具备的条件主要分为两类：第一，关于经营主体，必须符合国家规定的注册资本、有符合规定的从业人员，有与经营业务相适应的设施设备，有符合国家规定的船舶安全与防污染管理体系。第二，关于从业人员，主要是海务、机务管理人员，即：①管理沿海普通货船 1 ~ 10 艘的，至少分别配备 1 人；11 ~ 20 艘的，至少分别配备 2 人；21 ~ 30 艘的，至少分别配备 3 人；30 艘以上的，至少分别配备 4 人；②管理内河普通货船 1 ~ 10 艘的，至少分别配备 1 人；11 ~ 50 艘的，至少分别配备 2 人；51 ~ 100 艘的，至少分别配备 3

人;100 艘以上的,至少分别配备 4 人;③管理沿海散装液体危险品船或者客船 1 ~5 艘的,至少分别配备 1 人;6 ~10 艘的,至少分别配备 2 人;11 ~20 艘的,至少分别配备 3 人;20 艘以上的,至少分别配备 4 人;④管理内河散装液体危险品船或者客船 1 ~10 艘的,至少分别配备 1 人;11 ~20 艘的,至少分别配备 2 人;21 ~30 艘的,至少分别配备 3 人;30 艘以上的,至少分别配备 4 人。同时,上述海务、机务专职管理人员还应当具有与其所管理船舶种类和航区相对应的船长、轮机长任职的从业资历;并与该船舶管理企业签订一年以上全日制用工的劳动合同,在合同期限内不得在船上或者其他企业兼职。

上述许可条件经过这些年的执行和实践,证明是符合我国船舶管理市场实际的。同时,经过这些年的贯彻和实施,这些条件也对船舶管理市场起到了引导作用。因此,《条例》在修订过程中,借鉴了上述许可条件,对其进行了归纳、整合,并根据最新的调研成果和许可制度的设立原则,形成了新的船舶管理业务许可条件:

(一)具备企业法人条件

同水路运输经营主体类似,从事船舶管理业务的经营者也应当具备法人条件,具有独立的民事行为能力。对于主营业务广泛的综合性企业或主营业务非船舶管理的企业,虽然其具体从事船舶管理业务的是其内设部门(事业部)或不具备法人条件的分支机构(分公司),但从主体上,对外承担民事责任的应是该法人企业。因此,许可的对象以及许可条件也应当是针对具备企业法人条件的实体。

(二)有健全的安全管理制度

按照《中华人民共和国安全生产法》的要求,生产经营单位必须加强安全生产管理,建立、健全安全生产责任制度,完善安全生产条件,确保安全生产。船舶管理是高风险行业,有其特殊性,对于国内船舶管理业务经营者应当建立的安全管理制度的具体要求，国务院交通运输主管部门将根据实际情况作出相应规定。

（三）有与所管理船舶的规模相适应的海务、机务管理人员

船舶管理业风险高、专业性强。船舶管理企业的海务、机务管理等安全管理人员主要负责对委托管理的船舶进行航运安全管理、船舶维修保养管理及应急指挥协调等，其素质和专业技术水平的高低直接关系到船舶的航行安全和航运企业的生产安全。要求企业配备与管理船舶的规模相适应的海务、机务管理人员，主要是对人员数量和专业技能两个方面的要求。正如前面已经提及的，对海务、机务人员提出专门要求，对于提高企业安全管理人员的素质和水平，促进企业安全管理水平，保证水运安全等均具有重要意义。对于海务、机务管理人员应当配备的数量和具体的技能要求，以及如何与其管理船舶的经营范围和船舶运力的规模等相适应，将在《条例》的配套规章中予以明确。

但是，需要说明的是，在此条款中，并没有对海务、机务管理人员设立从业资质许可制度。关于是否要建立海务、机务人员的从业资质许可制度，也是《条例》修订过程中的焦点问题之一。在没有明确人员从业资质条件的情况下，如何判断一个人是否可以从事海务、机务管理，又如何评价一个从业者是否具备了相应的技能水平，一直以来都是一个难题。按照现行的做法，主要是套用了船长和高级船员的适任资格。但是这种做法在实际工作中存在一些问题，因此，行业上一直有设立海务、机务管理人员资格许可制度的呼声，其主要理由为：一方面，由于我国航运业的快速发展，船长和高级船员严重短缺，造成管理人员的频繁流动，同时导致有的企业为了满足资质要求不得不聘用已经退休的具有适任证书但实际已不具备管理能力的人员，不利于企业加强安全管理工作；另一方面，由于船员适任证书仅能证明该船员具备在特定区域操作特定种类船舶的能力，而企业安全管理人员的要求更高，仅具有船员适任资格是不够的，需要复合型

人才，要求其具备管理企业航行于不同区域的所有种类船舶的能力，需要丰富的管理经验和应对各种复杂情况的应急指挥能力；再者，由于对航运企业安全管理人员没有专门的从业资格制度，仅需要取得船长、轮机长证书，致使在管理过程中缺乏有针对性的管理手段，对于这类人员的违规行为，缺乏处罚依据，存在管理缺陷。

《条例》最终没有设立海务、机务管理人员从业资格许可制度，主要基于两点考虑：一是，在起草过程中曾经草拟过许可方案，但是对于这两类人员的许可条件与船长、轮机长等高级船员的核心许可条件极为类似，如果明确许可，将造成几乎相同的许可条件，由两个部门分别许可，颁发不同许可证件的局面，这与行政许可法的原则相违背；二是，由于核心许可条件极为类似，因此对其专业技能的要求用现有资质制度是可以衡量和评价的，因此不需要再设许可，而对于这两类人员的监管，可以通过其他手段实现，因此，可以不予另设许可。但在海务、机务人员的队伍建设与经营规模的相适应方面，交通运输部可以制定具体的管理措施。

（四）法律、行政法规规定的其他条件

此条款为兜底条款。国内船舶管理业务经营者除满足《条例》规定的许可条件外，其他法律、行政法规规定还有特别要求的，也应一并遵守。

4

第二十七条　经营船舶管理业务，应当经设区的市级以上地方人民政府负责水路运输管理的部门批准。

申请经营船舶管理业务，应当向前款规定的部门提交申请书和证明申请人符合本条例第二十六条规定条件的相关材料。

受理申请的部门应当自受理申请之日起 30 个工作日内审查完毕，作出准予许可或者不予许可的决定。予以许可的，发给

船舶管理业务经营许可证件，并向国务院交通运输主管部门备案；不予许可的，应当书面通知申请人并说明理由。

取得船舶管理业务经营许可的，持船舶管理业务经营许可证件依法向工商行政管理机关办理登记后，方可经营船舶管理业务。

【释义】本条是关于国内船舶管理的许可机关、许可程序和许可期限的规定。

一、许可机关

船舶管理业务许可的实施机关为设区的市级以上地方人民政府负责水路运输管理的部门。这个部门有可能是交通运输主管部门，也有可能是港航管理部门。在实践中，各个地方根据其机构设置和“三定”方案会有所不同，申请人应当予以注意。

二、许可程序和期限

许可的实施程序包括从受理许可申请到作出准予或者拒绝行政许可等决定的全部步骤、方式和时限。《中华人民共和国行政许可法》第四章中对行政许可的实施程序用专门章节作出了详细规定，许可机关除应当遵守本条的规定外，还应当遵守《中华人民共和国行政许可法》中有关许可实施程序的其他要求。

三、许可证件

按照本条第三款的规定，对于经审查不予许可的，负责审批的交通运输主管部门应当书面通知申请人并告知理由；对于经审查准予许可的，由许可机关向申请人发给国内船舶管理业务经营许可证件。为便于管理，掌握了解情况，本条还规定负责审批的交通运输主管部门应当向国务院交通运输主管部门进行许可事后备案。

由于船舶管理业务属于前置许可事项,本条第四款规定经营者在取得国内船舶管理经营许可后,持国内船舶管理经营许可证件依法向工商行政管理机关办理工商登记。

第二十八条　船舶管理业务经营者接受委托提供船舶管理服务,应当与委托人订立书面合同,并将合同报所在地海事管理机构备案。

船舶管理业务经营者应当按照国家有关规定和合同约定履行有关船舶安全和防止污染的管理义务。

【释义】本条主要是关于国内船舶管理业务经营者与委托其进行船舶管理的委托人应当订立书面合同的强制性规定。

一、订立书面合同的必要性

船舶管理业务经营者和被管理船舶之间是委托代理关系。我国《中华人民共和国民法通则》对民事代理关系予以了规定,即:公民、法人可以通过代理人实施民事法律行为。代理人在代理权限内,以被代理人的名义实施民事法律行为。被代理人对代理人的代理行为,承担民事责任。依照法律规定或者按照双方当事人约定,应当由本人实施的民事法律行为,不得代理。按照《中华人民共和国民法通则》的规定,代理包括委托代理、法定代理和指定代理三种形式:委托代理是指代理人按照被代理人的委托行使代理权;法定代理是指法定代理人依照法律的规定行使代理权;指定代理是指代理人按照人民法院或者指定单位的指定行使代理权。关于委托代理的形式,《中华人民共和国民法通则》规定可以用书面形式,也可以用口头形式。法律规定用书面形式的,应当用书面形式。

由于船舶管理业务直接涉及船舶航行安全、航运企业营运安全以及运输货物的物资安全、船上人员安全、水域环境保护等重要方面,因此,从明晰双方当事人责、权、利的考虑,《条例》规定船舶管理业务双方当事人应当通过订立书面合同来确定委托代理关系。订立书面合同的意义在于,一方面可以将合同当事人的意思固定下来,便于双方信守承诺,一旦船舶管理人给委托人造成损失,书面合同将成为平息纠纷、明确责任的最有力证据。同时,由于《条例》并没有对船舶管理业经营者违反行为规范的行为设定行政处罚,对于目前存在的"代而不理"现象,行业主管部门缺乏管理手段,因此书面合同的订立也有利于从固定民事关系的角度对"代而不理"现象予以遏制,有利于督促船舶管理业经营人尽职尽责的履行船舶管理义务。

船舶管理业双方当事人签订委托合同,应当按照《中华人民共和国合同法》第二十一章关于委托合同的规定进行,明确委托事项已经双方的权利、义务。

二、关于海事监管

船舶管理业务的大部分主要内容均涉及海事监管。国家各级海事管理机构作为水上交通安全和防治船舶污染的主管机关,依据有关国际公约和法律、行政法规对船舶实施全面监管。因此,船舶管理业务,一方面需要满足海事管理的相关要求,另一方面也需要积极接受海事监管。为了方便海事监管工作,《条例》规定船舶管理业务双方当事人签订委托代理合同后,应及时将相关情况向所在地海事管理机构备案,以便于海事管理机构能更全面的掌握情况,并更好地开展监督检查工作。

三、本条第三款是对船舶管理业经营者行为规范的原则性要求

对船舶安全和防污染的管理是船舶管理的核心业务之一。目前,国家已经制定了一系列法律、行政法规对其予以规范和调

整,主要包括《中华人民共和国内河交通安全管理条例》、《中华人民共和国船员条例》、《中华人民共和国防治船舶污染海洋环境管理条例》、《危险化学品管理条例》等。因此,船舶管理业务经营者对于船舶的管理,一方面需要严格执行上述国家法规和相关技术标准,另一方面也要按照合同约定执行对具体船舶的特别要求。

第二十九条　水路运输经营者可以委托船舶代理、水路旅客运输代理、水路货物运输代理业务的经营者,代办船舶进出港手续等港口业务,代为签订运输合同,代办旅客、货物承揽业务以及其他水路运输代理业务。

【释义】本条主要是关于船舶代理、水路旅客运输代理、水路货物运输代理的经营范围规定。

船舶代理、水路旅客运输代理、水路货物运输代理是传统水路运输服务业的主要内容,经过这些年水路运输行业的快速发展,目前在东部沿海已经形成了较为发达的代理业务市场。截至2010年底,我国共有船舶代理企业2 975家,客货运代理企业2 282家。

一、关于船舶代理

船舶代理业务是一项综合性业务,其范围相当广泛,主要包括以下内容:①承揽货源或者客源(含旅游客源);②安排和联系货物配积载、船舶装卸或者旅客乘降以及船舶作业所需拖轮、浮吊等;③办理旅客中转、货物中转或者储存;④代售客票或者签订运输合同,缮制运输单证、票据;⑤结算、交付票款或者运杂费;⑥通报船期和货物到港情况,办理承运验收、货物交付手续;⑦联系船舶修理和船舶燃物料及其他用品供应;⑧协助处理属于承运人责任事宜和客货运事故；⑨办理承运人委托的其他事项。

二、关于水路旅客运输代理和水路货物运输代理

水路旅客运输代理和水路货物运输代理主要包括以下内容：①联系船舶，确定舱位，签订运输合同，代订、代售客票；②联系货物装卸、储存或者驳运，签订装卸合同；③办理货物提取、交付手续；④结算、交纳运费票款和港口费；⑤办理货物运输、作业所需证明；⑥协助处理旅客或者托运人、收货人责任事宜和客货运事故；⑦办理旅客或者托运人、收货人委托的其他事项。

三、委托代理双方的关系

水路运输经营者与船舶代理、水路旅客运输代理和水路货物运输代理之间存在两层关系：一是基于水路运输的行业特性，存在服务与被服务的关系。船代和客货代理都是随着水路运输行业的发展而细化出来的专门分工，主要是为水路运输经营者提供专业服务，因此在这两者之间存在着主与次、服务者与被服务者的关系。二是基于委托代理行为而存在的民事法律关系。他们基本的法律关系可以表述为，委托代理人在代理权限内，以被代理人的名义实施民事法律行为；被代理人对代理人的代理行为，承担民事责任。委托代理虽然是较为简单的民事法律关系，但是也存在不同的委托方式，在不同的情况下，对委托双方的权利、义务也会有不同的限制。关于委托代理民事法律关系，在我国的民事法律体系中，主要由《中华人民共和国民法通则》和《中华人民共和国合同法》予以调整。

第三十条　船舶代理、水路旅客运输代理业务的经营者应

当自企业设立登记之日起15个工作日内,向所在地设区的市级人民政府负责水路运输管理的部门备案。

【释义】本条是关于经营船舶代理、水路旅客运输代理业务经营主体和备案的规定。

一、关于代理业务的经营主体

依据本条规定,从事船舶代理、水路旅客运输代理业务的经营主体必须是企业法人,个人不得从事上述三项代理业务。本条未对企业法人提出特殊要求,即经营主体只要满足法律规定的最低企业法人要求,并经企业法人设立登记,即可从事相关代理业务。

二、关于备案管理

备案是行政管理常用的日常监管手段。管理相对人应当按照行政管理机构要求的事项、内容和事件,向行政管理机关履行报告义务;行政管理机关应当对相对人所报告的事由予以存档,以备查考,同时,行政管理机构还应当对备案内容予以查验,核其是否完备、及时,并对备案内容中所体现出的违法违规行为予以纠正和查处。备案与行政许可是两种完全不同的行政管理手段,备案的主要目的是让行政管理机关了解情况,加强监管,而许可则更多的是对主体资质或者行为条件的审查。

在实践中,我国长期对船舶代理、水路旅客运输代理采用许可管理。《条例》取消了这两类许可制度,主要是基于如下考虑:一是《条例》在修订过程中,经过认真研究比较,认为船舶代理、水路旅客运输代理这两类水路运输辅助性业务在市场准入环节的专业性要求不是太高,对这两类经营活动的管理完全可以通过事后监管来解决;二是减少行政许可的种类、数量、简化行政许可程序是《条例》修订的主要指导思想,在这一思想的指导下,

《条例》仅对水路运输主业和直接涉及安全、专业性要求较高船舶管理业保留了许可制度，对船舶代理和客货运代理则不再实施行政许可。

三、关于监管手段

实行备案制度后，取消了入门标准，进一步放开了代理业务市场，鼓励完全的市场竞争，对船舶代理和水路旅客运输代理的行政管理重点也由事前审批转移到了事后监管。虽然不再设立许可条件，但是船舶代理和水路旅客运输代理这两类水路运输辅助性业务仍然是水路运输的重要组成部分，是水路运输生产组织中的重要环节，并且随着物流链中专业化分工的进一步细化，船舶代理和水路旅客运输代理在运输环节中发挥着更加重要的作用，因此行政管理机关应当加强对代理市场经营行为的日常监督，以维护其正常的市场经营秩序。

第三十一条　船舶代理、水路旅客运输代理、水路货物运输代理业务的经营者接受委托提供代理服务，应当与委托人订立书面合同，按照国家有关规定和合同约定办理代理业务，不得强行代理，不得为未依法取得水路运输业务经营许可或者超越许可范围的经营者办理代理业务。

【释义】本条主要关于船舶代理、水路旅客运输代理、水路货物运输代理和委托人之间的委托方式以及主要权利、义务的规定。

一、关于委托方式

如前所述，船舶代理、客货运代理与委托人之间是委托代理关系。与船舶管理业一样，本条规定船舶代理和客货运代理的委托也必须使用书面形式，即委托双方必须签订书面合同，约定代理业务范围、权限和时间限制、费用结算、特约事项和违约责任等具体事项。《条例》所规定的船舶管理业务委托合同与上述三种委托代理合同，具有相同的法律性质，都需要符合《中华人民共和国合同法》关于委托合同的要求。

二、关于不得强行代理

强行代理是船舶代理和客货运代理市场中一直存在的恶疾，严重影响代理市场正常竞争，扰乱了市场秩序。在实践中经常发生的强行代理多为港口企业的强行代理行为，即港口企业利用其优势地位，强行要求水路运输经营人接收其代理服务。这一现象的形成，有较为复杂的历史原因。这一现象的存在，不仅严重扰乱了市场秩序，而且加重了水路运输企业负担，因此，本条对其作出了禁止性规定。

三、关于不得非法代理

依据《中华人民共和国民法通则》，代理人、被代理人、代理事项都必须符合法律规定。对于已经设立了许可制度的事项，行为主体（即被代理人）必须具备许可条件，并已经相关主管部门审查批准，取得了相应的许可证件，方可在许可范围内进行相关活动，且其行为活动必须遵守有关法律法规的规定，不得违法违规。而作行为主体的代理人，即使在全权授权的情况下，其行为范围至多也只能等同于行为主体（即被代理人）的被许可行为范围，即代理人不得未经授权非法代理，也不得擅自越权代理。关于不得非法代理，就本条规定而言，除上述基本要求外，主要有两层含义：第一，水路运输业务是许可事项，代理人不得为尚未取得水路运输经营资质的企业代理水路运输业务；第二，水路运输经营许可分为旅客运输、货物运输、危险品运输等若干类别，代理人只能为水路运输经营者在其已经取得了许可的事项范围内提供代理服务，即“不得为超越许可范围的经营者办理代理业务”。

第三十二条　本条例第十二条、第十七条的规定适用于船舶管理业务经营者。本条例第十一条、第二十四条的规定适用于船舶管理、船舶代理、水路旅客运输代理和水路货物运输代理业务经营活动。

国务院交通运输主管部门应当依照本条例的规定制定水路运输辅助业务的具体管理办法。

【释义】本条规定了四方面的内容：一是对国内船舶管理业务经营者终止经营应办理的相关手续及其行为规范的规定；二是对外国经营者从事水路运输辅助业的禁止性规定；三是对水路运输辅助业报送有关统计信息等方面的规定；四是授权国务院交通运输主管部门对水路运输辅助业务制定具体的管理办法。

一、关于船舶管理业的有关规定

本条以援引相关条款的方式，对船舶管理业务经营者终止经营的手续要求和经营行为规范予以了规定。

船舶管理业务经营者与水路运输经营者在终止经营业务方面的手续相同，即都应当“自终止经营之日起15个工作日内向原许可机关办理许可注销，并交回许可证件”。关于注销手续，需要注意的有三个概念：一是终止与中止的差别。终止，是指停止，不再继续；中止，是指暂时停止，待停止的原因消除后再行继续。对于水路运输经营及其辅助业务，目前没有法定中止事项，经营主体因为自身经营原因或者其他原因需要暂时中止经营活动的，除法律规定必须报告的事项外，不需要履行法定手续。但是,经营者若自行决定或者因其他原因必须停止经营活动的,则需要依照本条规定,办理相应的注销手续。二是注销许可与吊销许可的差别。一般而言,注销许可是因为某些特定客观情况的出现导致行政许可失效,或者被许可人主动提出放弃许可权利的行为;吊销许可则是一种行政处罚,适用于被许可人取得行政许可后有严重违法行为的情形。吊销行政许可,只能由法律、法规设定,并且在执行过程中必须遵守一定的程序。三是经营许可证件。申请注销的船舶管理业务经营者应当交回全套的许可证件原件,不得只交回主证保留副证,或者交回复印件保留原件。

关于行为规范,《条例》对船舶管理业务经营者与对水路运输业务经营者的原则性要求一致,即必须在"依法取得许可的经营范围内"从事船舶代理业务。这是《中华人民共和国行政许可法》所确立的基本原则。所有行政许可事项,被许可人都只能在许可范围内从事经营活动,既不能未经许可从事经营,也不能超越许可权限从事经营。

二、关于水路运输辅助业的禁止性规定

依据本条的规定,外国的企业、其他经济组织和个人不得从事船舶管理、船舶代理、水路旅客运输代理和水路货物运输代理业务经营活动。香港特别行政区、澳门特别行政区和台湾地区的企业、其他经济组织及个人,原则上也不得从事上述水路运输辅助业务经营活动,但国务院另有规定的,按照国务院的规定执行。

关于是否需要延续对外国企业从事国内水路运输辅助业的禁止性规定,《条例》在修订过程中予以了大量的调研和比较,最终保留了这一禁止性规定,主要三点考虑:一是对国内水路运输和水路运输辅助业设定保护,不对外资开放,是世界上主要航运大国的通行做法,已经成为国际航运行业的惯例。二是我国在

WTO谈判中对于国内水路运输市场及其辅助业市场均没有作出任何开放承诺，因此可以在此领域中对外资的进入实行严格控制直至作出禁止性规定。三是依据我国现行的外资政策，国内水路运输业和水路运输辅助业都一直被划归为外商投资限制类产业，我国从未对此领域做过开放市场的尝试。因此，继续原有的禁止性规定，既符合国际惯例，也符合我国一贯的外商投资政策，且不违背我国的入世承诺。

三、关于报送有关统计信息的规定

水路运输辅助业务经营者应当按照《条例》第二十四条的要求报送相关统计信息，这一点与对水路运输经营者的要求是一致的。水路运输辅助业是水路运输行业的重要组成部分，随着现代物流业的发展和行业内部分工的进一步细化，水路运输辅助业已经逐渐成为水路运输行业不可或缺的环节，并将在越来越专业化、精细化的物流链条中发挥重要的作用。因此，水路运输辅助业的相关数据，对于分析整个水路运输行业状况有着重要的参考价值。

四、关于水路运输辅助业具体管理办法的制定

(一)关于水路运输辅助业

“水路运输辅助业务”是《条例》的新增概念，本章也是《条例》的新增章节。水路运输辅助业务是伴随着水路运输业的发展而衍生出来的，主要指为国内水路运输提供辅助性、支持性服务的相关业务，主要目的是为水路运输的正常运行提供保障性、基础性服务。水路运输业经过几十年的蓬勃快速发展，相关辅助业的种类和规模也得到了发展和壮大，水路运输辅助业已经成为水运业不可分割的组成部分，为推动水路运输的快速发展发挥了巨大作用，其健康发展与否直接影响水路运输行业的稳定和可持续发展，因此对水路运输辅助业务进行规范和管理，是

水运管理工作的重要组成部分。2011 年底,我国共有5 695家企业从事水路运输辅助业务,其中,从事船舶管理的 438 家,从事船舶代理的 2 975 家,从事客货运代理的 2 282 家。

"水路运输辅助业务"与"水路运输服务业务"是两个相近相似的概念。水路运输服务业务的概念来源于原《条例》。作为原《条例》的配套规章,《水路运输服务业管理规定》(交通部令 1998 年第6 号)对船舶代理、水路旅客运输代理和水路货物运输代理等水路运输服务业务予以了规范。《国内船舶管理业规定》(交通部令2001 年第3 号,2009 年第1 号修订)将船舶管理业务也作为水路运输服务业的一种予以了规范。因此,传统意义上的水路运输服务业务包括船舶管理、船舶代理、客运代理和货物代理四大类。近年来,除上述传统业态外,船舶交易、航运经纪等新兴业态陆续在航运界兴起。目前,交通运输部及地方交通运输主管部门都在不同层面制定了相关规范性文件,对其进行了一定的规范和调整。《条例》在起草过程中,也曾尝试将传统的水路运输服务业务与上述新兴业态统一纳入调整,并将其统称为"水路运输辅助业务"。后经过实地考察和反复研究,考虑到目前对这些新兴业态的管理制度尚不成熟,先行先试的各个地方也都还处在摸索尝试阶段,统一规范的时机尚不成熟,因此决定暂不做调整,但保留"水路运输辅助业务"的概念,为将来的统一规范留下空间。因此,《条例》中"水路运输辅助业务"的概念具有较为广泛的内涵,但是,本章仅对船舶管理、船舶代理、客运代理和货运代理予以了统一规范。

目前,水路运输辅助业基本现状是:企业数量多,价格竞争过度,行业升级换代困难。一是从企业资本构成、管理人员来源和业务范围来看,基本延续了原国有性质的港航企业和业内人士资源,行业改革不彻底,具有一定的市场垄断性,业外竞争者难以进入,真正意义的市场开放和全方位的竞争环境并未形成;二是行业内从业者的动力机制不足,业务来源依附性强,地方保护主义和势力范围固定，加之辅助业的相关业务产品相对单一，同质化程度高，因而服务、效率、产品创新性差，竞争主要依靠价格实现，因而又表现为市场价格趋低、竞争惨烈、行业社会认同度低；三是政府管制不足。政府的管理重点更多地放在了大型港航企业和安全环保等事项上，对于提供基础服务的辅助业企业缺乏扶持政策，也缺乏日常性的检查和行业治理，持续性的诚信监管、违法处罚较为弱化，企业行为短期化较为严重。

另外，航运金融、保险、经纪、法律服务等高端辅助业务社会期望值很高，却长期得不到比较好的发展。突出表现是：数量少，竞争不足，行业难以实现快速发展。分析其中原因也有三点：一是政府管制过度。金融、保险等行业，长期都实行非常严格的管控制度，从新设机构、开发新产品、服务定价、服务流程等所有内容都要实行行政许可，而且长期以来都不对非国有成分开放；而经纪、信息等行业所必需的资源绝大多数都掌握控制在政府和相关管理部门、大型企业手里。二是起步晚，基础弱，缺乏成熟的运营模式、经验和相关人才。三是市场基础差，容量有限。

实践中，对于水路运输辅助业的管理，主要有三个方面：市场准入管理、市场监督管理和理顺管理体制。

在市场准入管理方面，长期以来形成了三种观点，一是总量控制，二是提高门槛，三是全面开放。这三种观点其出发点都具有一定的合理性，但是也都存在一定的局限性。“总量控制”在实践中缺乏法律依据，也不符合行政许可的基本原则，即自由竞争是原则，数量控制是例外。“抬高门槛”则对中小型企业有失公平，也不符合大多数基础辅助业并不需要较高门槛的实际情况。“全面开放”又受到目前市场结构的影响。水路运输辅助业门类较多，既有相对简单的代理服务，也包括高附加值和资金、知识、信息密集的高端服务。因此，依据航运服务业的不同服务门类，有的放矢的设置不同的管理模式是较为合适的选择。《条例》设定的水路运输辅助业务市场准入基本思路是：有选择的开放，通过深化改革打破垄断，建立真正开放、平等竞争的市场环境，探索宽松的市场准入和严格的市场监管相结合的管理模式。

在市场监管方面，《条例》的基本思路是建立"完善规则、严格监管、加强自律、强化引导"的管理机制。水路运输辅助业监管制度的不尽完善，使无证经营、违规经营、恶性竞争等现象得不到及时有效的遏制和处罚。市场监管的主要目标包括：一是市场行为规范和服务标准；二是建立有效的监管体制，强化动态监管；三是建立合理有效的市场退出机制，即通过市场竞争自然淘汰，也通过设立安全、环保等门槛强制淘汰，并可考虑通过多种渠道、方式使不合格的市场主体主动退出辅助业市场；四是建立和完善企业信用制度，构建奖惩分明的市场经营氛围；五是可发挥行业协会的作用，建立行业自律机制。

关于理顺管理体制，则是相对困难的部分。水路运输辅助业的门类较多，管理体制也不尽相同。目前，交通运输部对船舶管理、船舶代理、船员管理、船舶交易等有明确的行业管理职责；货运代理由商务部门主管；航运经纪的行业主管部门尚未明确；航运金融、保险等虽然与水路运输关系紧密，但很难纳入交通运输行业统一管理。因此，总体而言，水路运输辅助业的行业管理虽然大多数门类分工明确，但在部分领域和环节仍然存在着权责不清的问题。正因如此，大多数重大水路运输辅助业政策的出台与调整，都需要相关各部门的沟通与协调，影响了行政管理效率和及时性。理顺水路运输辅助业管理体制的任务超出了《条例》的调整范围，也不是在一部法规中可以完全解决的问题。

（二）关于水路运输辅助业配套规章

《条例》授权国务院交通运输主管部门根据实际情况制定关于水路运输辅助业的具体管理办法。关于水路运输辅助业的管理规章将是《条例》的配套规章的重要内容之一。按照《中华人民共和国立法法》所赋予的立法权限，国务院部门规章可以对执行法律或者国务院的行政法规、决定、命令的事项作出细化和具体规定。因此，国务院交通运输主管部门制定的关于水路运输辅助业的具体管理办法，应当是对《条例》所规定事项的进一步细化和明确，对《条例》所作出的原则性规定，制定可执行的具体管理制度，至少应包含以下内容：第一，进一步明确水路运输辅助业务的管理体制和管理层级；第二，进一步明确船舶管理业许可条件、许可程序；第三，进一步明确船舶代理、水路客货运代理备案要求和备案程序；第四，进一步明确水路运输辅助业务经营者的行为规范；第五，进一步规范行业主管部门的监管手段和监管要求；第六，依据行政处罚法的规定，进一步明确相关处罚事项；第七，如果条件成熟，还可对航运经纪、船舶交易等新兴业态予以适度规范。总之，规章的立法目的，一方面是为了更好的贯彻实施《条例》，另一方面也是为水路运输辅助业的发展提供指引和保障。

第五章 法律责任

[本章提要] 本章共十二条,是关于违反本条例规定应当承担的法律责任的规定。针对违反本条例的相关义务性规定的行为,规定了应当承担的法律责任。主要包括违反水路运输市场准入规则、不遵守水路运输经营行为规范以及违法实施水路运输行政管理等行为应当承担的行政责任。

法律责任是指行为人违反法律规范所应承担的由国家机关依法确认并强制其承受法定的不利后果,它是法律规范得以实施、获得普遍遵守的重要保障。法律责任中的"法律"是泛指的含义,包括由全国人大及其常委会颁布的法律、国务院及地方政府发布的法规以及部门规章。

法律责任按照违法行为的性质可分为行政责任、民事责任和刑事责任三大类。本章规定的法律责任主要是行政责任,对其应承担的刑事责任,只是作了衔接性的规定。行政责任是指行政法律关系主体违反行政法律规范或者不履行行政法律义务而依法承担的行政法律后果,包括行政处罚、行政处分和行政赔偿等。

本条例规定的承担法律责任的主体包括:

1. 水路运输业务经营者,包括水路运输和水路运输辅助业经营者;

2. 未经许可经营水路运输业务的单位和个人;

3. 未经许可经营或者变相经营国内水路运输的外国企业、

其他经济组织和个人；

4. 交通运输主管部门、水路运输管理机构及其工作人员。

《条例》规定的行政处罚种类有：罚款、责令停止经营、没收违法所得、撤销经营许可、吊销许可证件。

第三十三条　未经许可擅自经营或者超越许可范围经营水路运输业务或者国内船舶管理业务的，由负责水路运输管理的部门责令停止经营，没收违法所得，并处违法所得1倍以上5倍以下的罚款；没有违法所得或者违法所得不足3万元的，处3万元以上15万元以下的罚款。

【释义】本条是关于未经许可擅自经营或者超越许可范围经营水路运输业务或者国内船舶管理业务的水路运输经营者和船舶管理业务经营者应承担的法律责任的规定。

一、本条规定的违法行为的主体

本条规定的违法行为的主体包括：

1. 未经许可擅自经营水路运输业务或者国内船舶管理业务的单位和个人；

2. 超越许可范围经营水路运输业务或者国内船舶管理业务的经营者。

二、本条规定的违法行为

本条规定的违法行为有两种：

（一）未经许可擅自经营或者超越许可范围经营水路运输业务。

根据《条例》第八条的规定，经营水路运输业务，应当取得相应许可，未按照法定程序取得水路运输经营许可资格而经营水路运输业务的,就属于擅自经营;取得了经营许可资格但实际从事的水路运输经营业务超越了许可的经营范围就属于超越许可范围经营,这两种情形都应当承担相应的法律责任。

水路运输是一个高风险的行业,关系到人命、财产安全和水环境保护,国家对水路运输经营业务实行行政许可制度。行政许可是对特定活动的事前控制,作为一项行政权力和管理方式,对于维护公民人身财产安全和公共利益,加强经济宏观管理,保护并合理分配有限资源等都有重要作用。《条例》第八条第一款规定:"经营水路运输业务,应当按照国务院交通运输主管部门的规定,经国务院交通运输主管部门或者设区的市级以上地方人民政府负责水路运输管理的部门批准。"第八条第四款规定:"取得水路运输业务经营许可的,持水路运输业务经营许可证件向工商行政管理机关办理登记后,方可从事水路运输经营活动。"《条例》第六条、第七条规定了申请经营水路运输业务应当具备的条件。经营水路运输业务,应当在依法取得许可的经营范围内从事运输活动,不可超越许可范围经营。《条例》第十七条作了规定:"水路运输经营者应当在依法取得许可的经营范围内从事水路运输经营。"违反上述规定的,应当承担相应的法律责任。

(二)未经许可擅自经营或超越许可范围经营国内船舶管理业务。

船舶管理经营者在水路运输市场中发挥着重要作用,其履行着有关船舶安全和防污染等义务,因此,《条例》对经营船舶管理业务实行行政许可制度,未经许可擅自经营船舶管理业务应当承担法律责任。《条例》第二十六条规定了申请经营船舶管理业务应具备的条件,第二十七条第一款规定"经营船舶管理业务,应当经设区的市级以上地方人民政府负责水路运输管理的部门批准。"第二十七条第四款规定"取得船舶管理业务经营许可的,持船舶管理业务经营许可证件依法向工商行政管理机关办理登记后，方可经营船舶管理业务。”

三、本条规定的法律责任

本条规定的法律责任包括责令停止经营、没收违法所得和罚款，三者是并列关系，是并罚。没有违法所得或者违法所得不足3万元的，处以罚款。

责令停止经营，属于《中华人民共和国行政处罚法》规定的行政处罚种类之一的责令停产停业。未取得许可经营水路运输业务或者国内船舶管理业务的，应当立即停止经营水路运输业务或者船舶管理业务；取得许可但超过许可范围经营水路运输业务和船舶管理业务的，应当立即停止经营超过许可范围的业务，但取得许可范围内的业务不受影响，可继续经营。

没收违法所得，也是《中华人民共和国行政处罚法》规定的行政处罚的种类之一，是行政机关将行政违法行为人占有的，通过违法途径和方法取得的财产收归国有的制裁方法。违法所得，包含违法取得的钱财和物品。实施没收违法所得的前提是当事人有违法所得。如果当事人没有违法所得，或者虽然有经营所得但是属于合法营运收入，则不应没收。这两种情况是有所区别的，前者是无法没收，后者是不应没收。水路运输管理执法人员在执法过程中尤其要注意对水路运输经营者合法经营收入的保护，要注意把合法收入与违法所得区分开来。例如，某经营者按照本条例的规定取得从事水路货运经营的资格，该经营者在从事水路货运经营的同时还擅自从事水路客运经营，水路运输执法人员在查处该违法经营行为时，对其擅自从事水路客运经营的非法所得应予没收，对其水路货运经营的合法收入则不应没收。

罚款，是在没收违法所得基础之上对违法者施以的经济处罚。与违法所得不同的是，罚款的来源是当事人的合法收入，只是因为当事人的违法行为而强制其将本身合法收入上缴国库。

非法营运者从事非法营运的目的是为了谋取非法利益，通过罚款这种经济制裁措施，使其非但无法获得所预期的经济收入，而且还要承担因非法营运所带来的经济损失，目的就是通过这种惩罚性的经济利益的调节措施遏制当事人违法经营谋取利益的动因。

关于罚款的数额标准，《条例》作了区别对待：有违法所得的，处违法所得 1 倍以上 5 倍以下的罚款；没有违法所得或者违法所得不足 3 万元的，处 3 万元以上 15 万元以下的罚款。之所以作此区分，主要是考虑在违法者没有违法所得或者违法所得数额较小（本条将数额较小的标准定为 3 万元）时，按照违法所得一定倍数处罚不足以发挥罚款的经济惩戒目的，在这种情况下直接明确罚款的数额幅度较为合适。罚款的具体数额，由负责水路运输管理的部门根据违法行为的性质、情节轻重及危害后果予以裁量。

四、本条规定的行政处罚的实施主体

本条规定的行政处罚的实施主体是负责水路运输管理的部门，即违法行为发生地的县级以上地方人民政府交通运输主管部门设有水路运输管理机构的，由水路运输管理机构实施处罚；没有设立水路运输管理机构的，由违法行为发生地的县级以上地方人民政府交通运输主管部门实施处罚。

第三十四条　水路运输经营者使用未取得船舶营运证件的船舶从事水路运输的，由负责水路运输管理的部门责令该船停止经营，没收违法所得，并处违法所得 1 倍以上 5 倍以下的罚款；没有违法所得或者违法所得不足 2 万元的，处 2 万元以上 10 万元以下的罚款。

从事水路运输经营的船舶未随船携带船舶营运证件的，责

5

令改正，可以处1 000元以下的罚款。

【释义】本条是关于水路运输业务经营者使用未取得船舶营运证件的船舶从事运输，以及未随船携带船舶营运证件应承担的法律责任的规定。

一、水路运输经营者使用未取得船舶营运证件的船舶从事水路运输的法律责任

（一）本条第一款规定的违法行为主体是水路运输经营者，即使用未取得船舶营运证件的船舶从事水路运输的经营者。

（二）本条第一款规定的违法行为是使用未取得船舶营运证件的船舶从事水路运输的行为。

《条例》第六条规定，申请经营水路运输业务，应当有符合规定的船舶。第八条规定，投入运营的船舶符合规定条件的，要配发船舶营运证件。也就是说，从事水路运输经营，不仅要求经营主体取得规定的资格，所使用的船舶也要符合规定的条件。船舶营运证件是船舶符合规定条件从事国内水路运输的法定证件，船舶营运证件也是水路运输经营者办理船舶进出港签证的有效证明。未取得船舶营运证件，是指违反本条例的规定，水路运输经营者投入运营的船舶，未向国务院交通运输主管部门或者负责水路运输管理的部门申请领取船舶营运证件，或者说，投入运营的船舶，未按照规定经水路运输管理部门对其是否具备规定的条件进行审查；持有失效的船舶营运证件从事水路运输的，同样属于“使用未取得船舶营运证件的船舶从事水路运输”，也是违法行为。

水路运输经营者使用的船舶是水路运输经营中的重要因素，直接影响到水路运输的质量和安全，因此，船舶是申请水路运输经营业务应具备的条件之一。《条例》第六条第（二）项规定：“有符合本条例第十三条规定的船舶，并且自有船舶运力符合国务院交通运输主管部门的规定；"《条例》第十三条规定了水路运输经营者投入运营的船舶应当具备的条件。第十四条第一款规定"水路运输经营者新增船舶投入运营的，应当凭水路运输业务经营许可证件、船舶登记证书和检验证书向国务院交通运输主管部门或者设区的市级以上地方人民政府负责水路运输管理的部门领取船舶营运证件"。这些都是对船舶条件的规定。

（三）本款规定的法律责任包括责令停止经营、没收违法所得，并处以罚款。

使用未取得船舶营运证件的船舶从事水路运输，存在着较大的安全隐患，按本款规定应承担法律责任。

责令该船停止经营。此处罚仅限于对未取得许可证件的船舶，水路运输经营者所属的其他已取得许可的船舶的营运不受影响。

没收违法所得，即没收水路运输经营者使用该未取得营运证件的船舶获得的违法收入。

并处以罚款，对违法所得超过2万元的，处违法所得1倍以上5倍以下的罚款；对没有违法所得或者违法所得不足2万元的，处2万元以上10万元以下的罚款。

（四）本款规定的行政处罚的实施主体。

本款规定的行政处罚的实施主体是负责水路运输管理的部门，即违法行为发生地的县级以上地方人民政府交通运输主管部门设有水路运输管理机构的，由水路运输管理机构实施处罚；没有设立水路运输管理机构的，由违法行为发生地的县级以上地方人民政府交通运输主管部门实施处罚。

二、从事水路运输经营的船舶未随船携带船舶营运证件的法律责任

（一）本款规定的违法主体是未随船携带船舶营运证件，从事船舶水路运输的经营者。

（二）本款规定的违法行为是未随船携带船舶营运证件的行为。

这一行政处罚与《条例》第十四条第二款的内容相对应。《条例》第十四条第二款规定，“从事水路运输经营的船舶应当随船携带船舶营运证件”。水路运输经营者不随船携带船舶营运证件，则无法证明其所使用船舶是符合规定条件的，海事管理机构也无法及时、有效识别该船舶的合法性，并为其办理船舶进出港签证。

（三）本款规定的法律责任的承担形式是责令改正和罚款。

《条例》对水路运输经营者未随船携带船舶营运证件的行为首先规定负责水路运输管理的部门责令改正。责令改正是行政命令的一种，指行政机关为了预防或制止正在发生或可能发生的违法行为、危险状态以及不利后果而作出的要求违法行为人履行法定义务、停止违法行为、消除不良后果或恢复原状等具有强制性的行政命令。改正违法行为，包括必须停止违法行为和消除违法所造成的后果。《中华人民共和国行政处罚法》第二十三条规定：“行政机关在实施行政处罚时，应当责令当事人改正或者限期改正违法行为”。本条规定负责水路运输管理的部门采取责令改正的行政措施仍不能达到效果的，视情节轻重，可以处以1 000元以下的罚款。本条规定以责令改正为主，罚款则是选择性的，可以视情况决定是否实施罚款。

（四）本款规定的处罚实施主体是负责水路运输管理的部门。

鉴于处罚主体相同，出于立法语言精练的考虑，本款省略了对实施主体的规定。第二款规定的处罚实施主体也应是负责水路运输管理的部门。即违法行为发生地的县级以上地方人民政府交通运输主管部门设有水路运输管理机构的，由水路运输管理机构实施处罚；没有设立水路运输管理机构的，由违法行为发生地的县级以上地方人民政府交通运输主管部门实施处罚。

第三十五条　水路运输经营者未经国务院交通运输主管部门许可或者超越许可范围使用外国籍船舶经营水路运输业务，或者外国的企业、其他经济组织和个人经营或者以租用中国籍船舶或者舱位等方式变相经营水路运输业务的，由负责水路运输管理的部门责令停止经营，没收违法所得，并处违法所得1倍以上5倍以下的罚款；没有违法所得或者违法所得不足20万元的，处20万元以上100万元以下的罚款。

【释义】本条是关于水路运输经营者未经国务院交通运输主管部门许可或者超越许可范围使用外国籍船舶经营水路运输业务，或者外国的企业、其他经济组织和个人经营或者以租用中国籍船舶或者舱位等方式变相经营水路运输业务应承担的法律责任的规定。

一、本条规定的违法行为的主体

（一）未经国务院交通运输主管部门许可或者超越许可范围使用外国籍船舶经营水路运输业务的水路运输经营者。

（二）未经许可经营或者以租用中国籍船舶或者舱位等方式变相经营水路运输业务的外国的企业、其他经济组织和个人。

二、本条规定的违法行为

本条规定的违法行为有三种：

（一）未经国务院交通运输主管部门许可使用外国籍船舶经营水路运输业务的行为。

《条例》第十六条第一款对水路运输业务经营者不得使用外国籍船舶经营水路运输业务作了规定。但是在特殊情形下，经营者可以临时使用外国籍船舶运输。这里所说的特殊情形，即在国内没有能够满足运输要求的中国籍船舶。并且船舶停靠的港口或者水域为对外开放的港口或者水域的情况下，经营者方可临时使用外国籍船舶运输。"临时"是限定在"经国务院交通运输主管部门许可后,在国务院交通运输主管部门规定的期限或者航次内"。违反此规定,未经国务院交通运输主管部门许可使用外国籍船舶经营水路运输业务,应当承担法律责任。

《条例》第十六条第二款规定,在香港特别行政区、澳门特别行政区、台湾地区进行船籍登记的船舶,参照适用本条例关于外国籍船舶的规定,国务院另有规定的除外。因此,未经国务院交通运输主管部门许可或者超越许可范围,使用在香港特别行政区、澳门特别行政区、台湾地区进行船籍登记的船舶,经营水路运输业务,同样应当承担相应的法律责任。

(二)超越许可范围使用外国籍船舶经营水路运输业务的行为。

《条例》第十六条第一款规定,只能在特殊情形下,经国务院交通运输主管部门许可后,在国务院交通运输主管部门规定的期限或航次内,临时使用外国籍船舶运输。超越许可范围使用外国籍船舶运输,包括使用外国籍船舶经营超出国务院交通运输主管部门规定的期限或航次经营水路运输业务,应当承担法律责任。

(三)外国的企业、其他经济组织和个人经营或者以租用中国籍船舶或者舱位等方式变相经营水路运输业务。

本条规定与《条例》第十一条第一款规定相对应,"外国的企业、其他经济组织和个人不得经营水路运输业务,也不得以租用中国籍船舶或者舱位等方式变相经营水路运输业务。"外国的企业、其他经济组织,指根据外国法律注册、注册地在国外的企业和其他经济组织。水路运输作为国民经济的基础和服务性产业,是我国综合运输体系的重要组成部分,我国与其他大部分发达国家一样,对国内水路运输实施严格的保护政策,禁止对外国的企业和经济组织、个人开放,无论其使用外国籍船舶或中国籍船舶经营，都是禁止的。包括采取租用中国籍船舶或者仓位进行经营，均被认为是违法经营国内水路运输业务。

三、本条规定的法律责任

本条规定的法律责任的承担形式为行政处罚，包括责令停止经营、没收违法所得和罚款。有本条规定的违法行为的，违法行为人在接到执法机关的通知后，应当立即停止违法活动。即未经许可使用外国籍船舶经营水路运输业务的，应立即停止使用外国籍船舶继续经营水路运输业务；超越许可范围使用外国籍船舶经营水路运输业务的，应当立即停止超出许可范围和内容之外的水路运输经营业务；外国的企业、其他经济组织及个人经营或者以租用中国籍船舶或者舱位经营水路运输业务的，应当立即停止经营。同时，执法机关应当没收违法行为人的违法所得。违法所得在 20 万元以上的，并处违法所得 1 倍以上 5 倍以下的罚款；没有违法所得或者违法所得不足 20 万元的，处 20 万元以上 100 万元以下的罚款。

本条规定的罚款数额，违法所得在 20 万元以上的，处违法所得 1 倍以上 5 倍以下罚款；没有违法所得或违法所得不足 20 万元的，处 20 万元以上 100 万元以下罚款，罚款的上限和下限之间的范围较大，有关主管部门在执法过程中应避免出现自由裁量权过大问题，根据违法行为的性质、情节轻重决定罚款数额。本条规定的三种违法行为中，未经许可、擅自使用外国籍船舶经营水路运输业务的违法行为性质相比超越许可范围使用外国籍船舶经营水路运输业务违法性质和情节更重，相比应处罚更重。而外国的企业、其他经济组织及个人经营水路运输业务的行为，违背了我国关于经营水路运输业务的主体国籍资格和资本来源地的根本要求，则应受到最重的处罚。同一种违法行为，应根据其情节轻重及危害后果大小，慎重决定罚款额度。

四、本条规定的处罚实施主体

本条规定的处罚的实施主体是负责水路运输管理的部门，即违法行为发生地的县级以上地方人民政府交通运输主管部门设有水路运输管理机构的，由水路运输管理机构实施处罚；没有设立水路运输管理机构的，由违法行为发生地的县级以上人民政府交通运输主管部门实施处罚。

第三十六条　以欺骗或者贿赂等不正当手段取得本条例规定的行政许可的，由原许可机关撤销许可，处 2 万元以上 20 万元以下的罚款；有违法所得的，没收违法所得；国务院交通运输主管部门或者负责水路运输管理的部门自撤销许可之日起 3 年内不受理其对该项许可的申请。

【释义】本条是关于以欺骗或者贿赂等不正当手段取得行政许可应承担的法律责任的规定。

一、本条规定的违法行为的主体

以欺骗或者贿赂等不正当手段取得本条例规定的水路运输行政许可的水路运输经营者。

二、本条规定的违法行为

本条规定的违法行为是以欺骗或者贿赂等不正当手段取得本条例规定的行政许可。《中华人民共和国行政许可法》第六十九条第二款规定，“被许可人以欺骗、贿赂等不正当手段取得行政许可的，应当予以撤销。”国内水路运输业务及其相关辅助业务具有较高的风险性和安全要求，《条例》对经营水路运输业务和经营船舶管理业务设立了行政许可制度（第八条、第二十七

5

条),并分别设立了较高的行政许可条件(第六条、第二十六条),即水路运输业务经营者、船舶管理业务经营者在从事经营之前,均需具备相应的许可条件,取得有关主管部门的许可之后,方可从事相关经营。这些许可,均应通过合法途径获得。

本条所称欺骗,是指行为人提供虚假(伪造、变造)材料或证明、证件、文件,隐瞒真实情况骗取有关证书的行为,如提供假证书、假合同、假身份证、假学历、假资历等。贿赂是指行为人通过提供金钱、财务或其他非法利益,贿赂水路运输管理部门的工作人员,使本来不符合许可条件的人员,非法获取了许可。

三、本条规定的法律责任

本条规定的法律责任包括撤销许可、罚款、没收违法所得。行政上的撤销行为,是指行政机关对有效成立的行政行为的效力以存在瑕疵为由而在事后予以消灭。从立法上来看,既存在将行政上之撤销行为作为行政处罚形式的规定,又存在将其作为纠正违法或者不当行政行为的规定。《中华人民共和国行政许可法》第六十九条第二款对撤销行政许可的情形作了规定:“被许可人以欺骗、贿赂等不正当手段取得行政许可的,应当予以撤销。”第六十九条第四款同时规定了撤销行政许可的后果:“依照本条第二款的规定撤销行政许可的,被许可人基于行政许可取得的利益不受保护。”即该撤销行为是因为行政相对人的违法行为引起的,因此被许可人给予行政许可取得利益不受保护。本条规定与《中华人民共和国行政许可法》第六十九条的精神一致。水路运输经营者、船舶管理业务经营者等的许可若是以欺骗、贿赂等不正当手段取得的,原许可机关应当撤销其许可,并处以罚款,幅度在 2 万元以上 20 万元以下,视情节轻重,由原许可机关作出具体罚款的数额。同时,有违法所得的,没收违法所得,这是与《中华人民共和国行政许可法》第六十九条第四款的规定相一致的。

《中华人民共和国行政许可法》第七十九条规定:"被许可人以欺骗、贿赂等不正当手段取得行政许可的,行政机关应当依法给予行政处罚;取得的行政许可属于直接关系公共安全、人身健康、生命财产安全事项的,申请人在三年内不得再次申请该行政许可;构成犯罪的,依法追究刑事责任。"因水路运输及其辅助业务经营许可属于直接关系公共安全和生命财产安全的事项,因此,本条规定违法主体自被撤销许可之日起3年内不得再次申请该项行政许可,国务院交通运输主管部门或者负责水路运输管理的部门不再受理其对该项许可的申请。但此禁止仅限于对违法主体以欺骗、贿赂等手段取得的该项许可的禁止。

四、本条规定的行政处罚的实施主体

本条规定的行政处罚的实施主体是原许可机关,即实施水路运输行政许可的国务院交通运输主管部门或者设区的市级以上地方人民政府负责水路运输管理的部门。此外,本条还规定,国务院交通运输主管部门或者设区的市级以上地方人民政府负责水路运输管理的部门自撤销许可之日起3年内不受理其对该项许可的申请。根据这一规定,以欺骗或者贿赂等不正当手段取得本条例规定的行政许可的,除由原许可机关撤销许可,给予没收非法所得和罚款外,国务院交通运输主管部门或者设区的市级以上地方人民政府负责水路运输管理的部门,自撤销许可之日起3年内不受理其对该项许可的申请。

第三十七条　出租、出借、倒卖本条例规定的行政许可证件或者以其他方式非法转让本条例规定的行政许可的,由负责水路运输管理的部门责令改正,没收违法所得,并处违法所得1倍以上5倍以下的罚款;没有违法所得或者违法所得不足3万元的,处3万元以上15万元以下的罚款;情节严重的,由原许可机

5

关吊销相应的许可证件。

伪造、变造、涂改本条例规定的行政许可证件的，由负责水路运输管理的部门没收伪造、变造、涂改的许可证件，处3万元以上15万元以下的罚款；有违法所得的，没收违法所得。

【释义】本条是关于出租、出借、倒卖本条例规定的行政许可证件或以其他方式非法转让本条例规定的行政许可，以及伪造、变造、涂改本条例规定的行政许可证件应当承担的法律责任的规定。

一、本条规定的违法行为主体

（一）出租、出借、倒卖本条例规定的行政许可证件或以其他方式非法转让本条例规定的行政许可的水路运输及其辅助业务经营者。

（二）伪造、变造、涂改本条例规定的行政许可证件的水路运输及其辅助业务经营者。

二、本条规定的违法行为

（一）出租、出借、倒卖本条例规定的行政许可证件或以其他方式非法转让本条例规定的行政许可。

本条所称出租，是指将本人或本单位将本条例规定的行政许可证件租给其他个人或单位使用，收取租金的行为。本条所称出借，是指将本人或本单位将本条例规定的行政许可证件借给他人或单位使用的行为。本条所称倒卖，是指将本人或本单位将本条例规定的行政许可证件卖给他人或单位使用，获取收益的行为。《中华人民共和国行政许可法》第八十条第（一）款规定，“涂改、倒卖、出租、出借行政许可证件，或者以其他形式非法转让行政许可的”，“被许可人有下列行为之一的，行政机关应当依法给予行政处罚；构成犯罪的，依法追究刑事责任”。《条例》规定的水路运输及其辅助业务许可证件应当通过正常的许可条件和程序取得，表明本人或本单位具有相应的行为能力，将行政许可证件出租、出借、倒卖或者以其他方式非法转让行政许可，违背了行政许可取得的条件和合法程序，应当承担法律责任。

（二）伪造、变造、涂改本条例规定的行政许可证件。

《条例》规定的行政许可证件，包括水路运输业务经营许可证、船舶营运证件、船舶管理业务经营许可证。这些行政许可证件是经营水路运输及其辅助业务的法定证件，是判断水路运输及其辅助业务经营者是否取得经营资质的有效证明。本条所称伪造，是指无权制作水路运输行政许可证件的单位和个人，制造、仿制水路运输行政许可证件。变造，指利用涂改、复制、拼接等方法，对水路运输行政许可证件进行改制，改变其真实内容，如涂改日期、经营者姓名等。《中华人民共和国行政许可法》第八十条第一款规定，“涂改、倒卖、出租、出借行政许可证件，或者以其他形式非法转让行政许可的”，“被许可人有下列行为之一的，行政机关应当依法给予行政处罚；构成犯罪的，依法追究刑事责任”。伪造、变造、涂改水路运输及其辅助业务许可证件的行为破坏了正常的水路运输市场管理秩序，侵害了合法经营者的权益，对这种违法行为应当予以制裁。

三、本条规定的法律责任

本条规定的法律责任的承担形式包括：

（一）责令改正

出租、出借、倒卖行政许可证件或以其他方式非法转让本条例规定的行政许可的，由负责水路运输管理的部门责令改正。

（二）没收违法所得，并处罚款

没收违法所得和罚款，都属于行政处罚。出租、出借、倒卖本条例规定的行政许可证件或以其他方式非法转让行政许可的，除责令改正外，还要没收违法所得，并处违法所得1倍以上5倍以下的罚款；没有违法所得或者违法所得不足3万元的，处3万元以上15万元以下的罚款。

伪造、变造、涂改本条例规定的行政许可证件的，除由没收伪造、变造、涂改的许可证件外，还应处3万元以上15万元以下的罚款；有违法所得的，同时没收违法所得。

（三）吊销许可证件

出租、出借、倒卖本条例规定的行政许可证件或以其他方式非法转让本条例规定的行政许可的，情节严重的，要吊销相应的许可证件。吊销许可证件是一种严厉的行政处罚，属于资格罚，吊销许可证件即意味着通过行政手段剥夺水路运输及辅助业务经营者从事水路运输及辅助业务经营的资格，具有很强的惩罚性。国务院交通运输主管部门或者设区的市级以上地方人民政府负责水路运输管理的部门作出吊销许可证件的决定时，应当严格依法办事，慎重处理。《中华人民共和国行政处罚法》第四十二条规定："行政机关作出责令停产停业、吊销许可证或者执照、较大数额罚款等行政处罚决定之前，应当告知当事人有要求举行听证的权利；当事人要求听证的，行政机关应当组织听证。"国务院交通运输主管部门或者设区的市级以上地方人民政府负责水路运输管理的部门作出吊销许可证件的决定前，应当按照《中华人民共和国行政处罚法》以及相关规定，告知当事人有听证的权利，当事人要求听证的，应依法举行听证会，充分听取当事人的意见，经过听证程序后再作出决定，以确保程序合法、处罚适当。

（四）没收许可证件

伪造、变造、涂改本条例规定的行政许可证件的，由负责水路运输管理的部门没收伪造、变造、涂改的证件。没收证件行为是一种行政强制措施。行政强制措施是指行政主体为保障行政管理秩序或为实现行政目的而凭借的强力行为或手段，主要包括即时性强制措施和执行性强制措施。即时性强制措施是指行政主体为维护社会秩序,保障社会安全,保护公民人身、财产免受非法侵害,采取一定措施对某种可能或正在发生的违法行为或危害社会及公民安全的行为予以预防或制止。本条规定的没收证件,属于即时性强制措施的一种。没收证书一般针对假证,与收缴证书性质相同,将假证予以没收,不再返还当事人,避免假证继续危害社会。

四、本条规定的处罚实施主体

本条规定的处罚实施主体是国务院交通运输主管部门或者负责水路运输管理的部门。其中,责令改正、没收违法所得、没收证件和罚款由违法行为发生地的负责水路运输管理的部门实施。即县级以上地方人民政府设有水路运输管理机构的,由水路运输管理机构实施行政处罚;县级以上地方人民政府没有设立水路运输管理机构的,由县级以上地方人民政府交通运输主管部门实施行政处罚。吊销许可证件的处罚由原许可机关实施,即国务院交通运输主管部门或者设区的市级以上地方人民政府负责水路运输管理的部门。

第三十八条　水路运输经营者有下列情形之一的,由海事管理机构依法予以处罚:

(一)未按照规定配备船员或者未使船舶处于适航状态;

(二)超越船舶核定载客定额或者核定载重量载运旅客或者货物;

(三)使用货船载运旅客;

(四)使用未取得危险货物适装证书的船舶运输危险货物。

【释义】本条是关于水路运输经营者未履行有关安全管理

义务应当承担的法律责任的规定。

一、本条规定的违法行为

（一）未按照规定配备船员或者未使船舶处于适航状态的行为。

按规定配备船员，使船舶处于适航状态，是保证船舶安全行驶的基本条件之一，是水路运输经营者履行安全管理的根本义务。《条例》第十八条第一款规定："水路运输经营者应当使用符合本条例规定条件、配备合格船员的船舶，并保证船舶处于适航状态。"本条规定与第十八条第一款的规定相对应。

（二）超越船舶核定载客定额或者核定载重量载运旅客或者货物的行为。

从多年来的交通实践来看，超越客船的核定载客定额或者货船的核定载重量运输旅客或者货物，是导致交通安全事故的主要因素，《条例》第十八条第二款规定："水路运输经营者应当按照船舶核定载客定额或者载重量载运旅客、货物，不得超载或者使用货船载运旅客。"本条规定与第十八条第二款的规定相对应。

（三）使用货船载运旅客的行为。

货船与客船基于船舶使用功能的不同，在船舶构造、功能分区、设备配备、机械原理、操作要求等各方面都有所不同，水路货物运输与旅客运输也分别需要遵守不同的规范和管理规定。使用货船载运旅客，是不符合水路运输业务经营规范的行为，对旅客有较大的危险和安全风险。《条例》第十八条第二款规定："水路运输经营者应当按照船舶核定载客定额或者载重量载运旅客、货物，不得超载或者使用货船载运旅客。"本条规定与第十八条第二款的规定相对应。

（四）使用未取得危险货物适装证书的船舶运输危险货物的行为。

本条规定与《条例》第二十条的规定相对应。第二十条规定:"水路运输经营者运输危险货物,应当遵守法律、行政法规以及国务院交通运输主管部门关于危险货物运输的规定,使用依法取得危险货物适装证书的船舶,按照规定的安全技术规范进行配载和运输,保证运输安全。"

二、本条规定的违法主体

本条规定的违法主体是水路运输经营者。

三、本条规定的法律责任

本条涉及的违法行为应当承担的法律责任,在《条例》中没有直接规定。应当依照《中华人民共和国海上交通安全法》、《中华人民共和国内河交通安全管理条例》及相关法律法规的规定予以行政处罚。

四、本条规定的处罚实施主体

本条规定的处罚实施主体是海事管理机构。以上违法行为将可能直接导致水上交通事故,按照《中华人民共和国海上交通安全法》、《中华人民共和国内河交通安全管理条例》等规定,海上交通安全事故的调查处理及处罚由海事管理机构负责。

第三十九条　水路旅客运输业务经营者未为其经营的客运船舶投保承运人责任保险或者取得相应的财务担保的,由负责水路运输管理的部门责令限期改正,处2万元以上10万元以下的罚款;逾期不改正的,由原许可机关吊销该客运船舶的船舶营运许可证件。

【释义】本条是关于水路旅客运输业务经营者未为其经营

的客船投保承运人责任保险或者取得相应的财务担保应当承担的法律责任的规定。

一、本条规定的违法主体

本条规定的违法主体是水路旅客运输经营者,具体指未为所经营的客船投保承运人责任保险或者取得相应的财务担保的水路旅客运输经营者。

二、本条规定的违法行为

本条规定的违法行为是水路旅客运输业务经营者未为其经营的客船投保承运人责任保险或者取得相应的财务担保的行为。本条规定与《条例》第十九条第二款相对应"水路旅客运输业务经营者应当为其客运船舶投保承运人责任保险或者取得相应的财务担保。"相比原《条例》,客船运输强制保险制度是《条例》新设立的制度之一。

三、本条规定的法律责任

本条规定的法律责任的承担形式包括:

(一)责令限期改正

责令限期改正是一种行政措施,是行政机关纠正当事人违法行为的方式,督促当事人的行为在一定期限内恢复到本来应该处于的正常、合法状态。负责水路运输管理的部门发现水路旅客运输经营者未为其经营的客船投保承运人责任保险或者取得相应的财务担保的,应责令其限期改正,即要求水路旅客运输经营者及时采取补救措施,为其经营的客船投保承运人责任保险或者取得相应的财务担保,确保其符合《条例》关于客船运输强制保险制度的规定。

(二)罚款

负责水路运输管理的部门发现水路旅客运输经营者未为

其经营的客船投保承运人责任保险或者取得相应的财务担保的，除责令其限期改正外，还应当对水路旅客运输经营者的此违法行为处以罚款，罚款额度是2万元以上10万元以下。此幅度属于负责水路运输管理的部门的自由裁量权，应该根据违法行为的性质、情节轻重、危害后果等因素来决定具体处罚数额。

（三）吊销许可证件

对违法行为责令限期改正，并处以罚款后，逾期不改正的，由原许可机关吊销该客船的船舶营运许可证件。吊销许可证件即意味着通过行政手段剥夺水路旅客运输经营者使用该客运船舶从事水路旅客运输业务经营的资格。《中华人民共和国行政处罚法》第四十二条规定："行政机关作出责令停产停业、吊销许可证或者执照、较大数额罚款等行政处罚决定之前，应当告知当事人有要求举行听证的权利；当事人要求听证的，行政机关应当组织听证。"国务院交通运输主管部门或者设区的市级以上地方人民政府负责水路运输管理的部门作出吊销许可证件的决定前，应当按照《中华人民共和国行政处罚法》以及相关规定，告知当事人有听证的权利，当事人要求听证的，应依法举行听证会，充分听取当事人的意见，经过听证程序后再作出决定，以确保程序合法、处罚适当。

四、本条规定的处罚实施主体

本条规定的处罚实施主体是国务院交通运输主管部门或者负责水路运输管理的部门。其中，责令限期改正和罚款由违法行为发生地的负责水路运输管理的部门实施。即县级以上地方人民政府设有水路运输管理机构的，由水路运输管理机构实施行政处罚；县级以上地方人民政府没有设立水路运输管理机构的，由县级以上地方人民政府交通运输主管部门实施行政处罚。吊销许可证件的处罚由原许可机关实施，即国务院交通运输主

5

管部门或者设区的市级以上地方人民政府负责水路运输管理的部门。

第四十条　班轮运输业务经营者未提前向社会公布所使用的船舶、班期、班次和运价或者其变更信息的，由负责水路运输管理的部门责令改正，处2 000元以上2万元以下的罚款。

【释义】本条是关于班轮运输业务经营者未提前向社会公布所使用的船舶、班期、班次和运价或其变更信息应当承担的法律责任的规定。

一、本条规定的违法主体

本条规定的违法主体是班轮运输业务经营者，具体是指未提前向社会公布所使用的船舶、班期、班次和运价或其变更信息的班轮运输业务经营者，包括旅客班轮运输业务经营者和货物班轮运输业务经营者。

二、本条规定的违法行为

本条规定的违法行为是班轮运输业务经营者未提前向社会公布所使用的船舶、班期、班次和运价或其变更信息的行为。本条规定与《条例》第二十一条和第二十二条的规定相对应："旅客班轮运输业务经营者应当自取得班轮航线经营许可之日起60日内开航，并在开航15日前公布所使用的船舶、班期、班次、运价等信息。旅客班轮运输应当按照公布的班期、班次运行；变更班期、班次、运价的，应当在15日前向社会公布；停止经营部分或者全部班轮航线的，应当在30日前向社会公布并报原许可机关备案。""货物班轮运输业务经营者应当在班轮航线开航的7日前，公布所使用的船舶以及班期、班次和运价。货物班轮运输应当按照公布的班期、班次运行；变更班期、班次、运价或者停止经营部分或全部班轮航线的，应当在7日前向社会公布。”班轮运输作为确定航线、确定班期、确定班次、确定运价的一种水路运输方式，班轮运输经营者有义务提前一段时间向社会公布相关信息，包括变更后及时提前公布有关信息，做到信息透明，有利于社会公众提前了解相关信息，也确保班轮运输经营者向旅客和货主提供更好的服务。否则，应当承担法律责任。

三、本条规定的法律责任

本条规定的法律责任的承担形式包括：

（一）责令改正

行政主管机关发现班轮运输经营者未提前向社会公布所使用的船舶、班期、班次和运价或其变更信息的，应当责令班轮运输经营者改正违法行为，及时按照本条例的规定向社会公布有关信息。

（二）罚款

班轮运输经营者未提前向社会公布所使用的船舶、班期、班次和运价或其变更信息的，责令其改正违法行为后，并处2000元以上2万元以下的罚款。罚款的具体数额，是行政主管机关的自由裁量权，处罚裁量时要根据违法行为的性质、情节轻重、危害后果确定具体罚款额度。

四、本条规定的处罚实施主体

本款规定的行政处罚的实施主体是负责水路运输管理的部门。即违法行为发生地的县级以上地方人民政府交通运输主管部门设有水路运输管理机构的，由水路运输管理机构实施处罚；没有设立水路运输管理机构的，由违法行为发生地的县级以上地方人民政府交通运输主管部门实施处罚。

第四十一条　旅客班轮运输业务经营者自取得班轮航线经营许可之日起60日内未开航的，由负责水路运输管理的部门责令改正；拒不改正的，由原许可机关撤销该项经营许可。

【释义】本条是关于旅客班轮运输业务经营者自取得班轮航线经营许可之日起60日内未开航应当承担的法律责任的规定。

一、本条规定的违法主体

本条规定的违法主体是旅客班轮运输业务经营者，即自取得班轮航线经营许可之日起60日内未开航的旅客班轮运输业务经营者。

二、本条规定的违法行为

本条规定的违法行为是旅客班轮运输业务经营者自取得班轮航线经营许可之日起60内未开航的行为。本条规定与条例第二十一条相对应："旅客班轮运输业务经营者应当自取得班轮航线经营许可之日起60日内开航，并在开航15日前公布所使用的船舶、班期、班次、运价等信息。"旅客班轮运输经营者在取得班轮航线经营许可后，应当及时做好相关准备并开航。《条例》要求其自许可证载明的日期起60日内开通航线经营，是为水路旅客班轮运输经营者做好准备给予了充裕的时间考虑，若在60日内还未开航的，则视为是旅客班轮运输经营者的主观故意所致，是《条例》规定的违法行为，应当承担法律责任。

三、本条规定的法律责任

本条规定的法律责任的承担形式包括：

(一)责令改正

负责水路运输管理的部门发现旅客班轮运输业务经营者应

当自取得班轮航线经营许可之日起60日内还未开航的,应责令旅客班轮运输经营者尽快按许可决定开通旅客班轮运输航线,为旅客提供正常、合理的运输服务。

(二)撤销经营许可

撤销经营许可是撤销被许可人的经营资格的一种行政处罚。旅客班轮运输业务经营者应当自取得班轮航线经营许可之日起60日内还未开航,经责令仍不按照许可决定开航的,则由原许可机关撤销该项经营许可,撤销其旅客班轮运输业务的经营资格。

四、本条规定的处罚实施主体

本条规定的处罚实施主体是国务院交通运输主管部门或者负责水路运输管理的部门。其中,责令改正由违法行为发生地负责水路运输管理的部门实施。即县级以上地方人民政府设有水路运输管理机构的,由水路运输管理机构实施行政处罚;县级以上地方人民政府没有设立水路运输管理机构的,由县级以上地方人民政府交通运输主管部门实施行政处罚。撤销经营许可由原许可机关实施,即国务院交通运输主管部门或者设区的市级以上地方人民政府负责水路运输管理的部门。

第四十二条　水路运输、船舶管理业务经营者取得许可后,不再具备本条例规定的许可条件的,由负责水路运输管理的部门责令限期整改;在规定期限内整改仍不合格的,由原许可机关撤销其经营许可。

【释义】本条是关于水路运输、船舶管理业务经营者取得许可后不再具备本条例规定的许可条件应承担的法律责任的规定。

一、本条规定的违法主体

本条规定的违法主体是水路运输、船舶管理业务经营者，具体指取得许可后不再具备本条例规定的许可条件的水路运输、船舶管理业务经营者。

二、本条规定的违法行为

本条规定的违法行为是水路运输、船舶管理业务经营者取得许可后不再具备本条例规定的许可条件的行为。本条规定与《条例》第六条、第二十六条相对应。

三、本条规定的法律责任

本条规定的法律责任的承担形式包括：

(一)责令限期整改

责令限期整改，是行政机关纠正当事人违法行为的方式，督促当事人的行为在一定期限内恢复到本来应该处于的正常、合法状态。水路运输及船舶管理业务经营者取得许可后不再具备本条例规定的许可条件的，说明其不再满足相应经营资格所需具备的条件，负责水路运输管理的部门应责令其在一段期限内采取措施，以再次满足许可作出时的状态和条件。

(二)撤销经营许可

撤销经营许可是撤销被许可人的经营资格的一种行政处罚。水路运输及船舶管理业务经营者取得许可后不再具备本条例规定的许可条件的，经负责水路运输管理的部门责令在一定期限内整改仍不能满足许可条件要求的，则由原许可机关撤销其经营资格。

5

四、本条规定的处罚实施机关

本条规定的处罚实施主体是国务院交通运输主管部门或者

负责水路运输管理的部门。其中，责令限期整改由违法行为发生地负责水路运输管理的部门实施。即县级以上地方人民政府设有水路运输管理机构的，由水路运输管理机构实施行政处罚；县级以上地方人民政府没有设立水路运输管理机构的，由县级以上地方人民政府交通运输主管部门实施行政处罚。撤销经营许可由原许可机关实施，即国务院交通运输主管部门或者设区的市级以上地方人民政府负责水路运输管理的部门。

第四十三条 负责水路运输管理的国家工作人员在水路运输管理活动中滥用职权、玩忽职守、徇私舞弊，不依法履行职责的，依法给予处分。

【释义】本条是关于负责水路运输管理的国家工作人员滥用职权、玩忽职守、徇私舞弊，不依法履行职责应承担的法律责任的规定。

一、本条规定的法律责任的承担主体

本条规定的法律责任的承担主体是负责水路运输管理的国家工作人员。

按照本条例第四条的规定，即负责水路运输管理的县级以上人民政府交通运输主管部门和水路运输管理机构的工作人员。本条例在规定交通运输主管部门和水路运输管理机构的行使水路运输行政管理职权的同时，也规定了交通运输主管部门和水路运输管理机构的工作人员的法律责任。本条例赋予了县级以上人民政府交通运输主管部门和水路运输管理机构行政许可、监督检查等职责，交通运输主管部门和水路运输管理机构的工作人员应当依法认真履行各自的职责，忠于职守。对于违反法律规定，不履行或不正确履行行政许可、监督检查、行政处罚职责的，将依法追究其法律责任。

二、本条规定的违法行为

本条规定的违法行为是指在水路运输管理活动中不依法履行职责，包括滥用职权、玩忽职守、徇私舞弊。

1. 滥用职权，是指国家机关工作人员违反法律规定的权限和程序，超越法律、法规赋予的职权，擅自处理其无权决定、处理的事项，致使公共财产、国家和人民利益遭受重大损失的行为。本条例第四条规定："国务院交通运输主管部门主管全国水路运输管理工作。县级以上地方人民政府交通运输主管部门主管本行政区域内水路运输管理工作。县级以上地方人民政府负责水路运输管理的部门或机构（以下称负责水路运输管理的部门）承担本条例规定的水路运输管理工作。"第五条规定："经营水路运输及其辅助业务活动，应当遵守法律、法规，诚实守信。国务院交通运输主管部门和负责水路运输管理的部门应当依法对水路运输市场实施监督管理，对水路运输及其辅助业务的违法经营活动实施处罚，并建立经营者诚信管理制度，及时向社会公告监督检查情况。"《条例》赋予了县级以上人民政府交通运输主管部门和水路运输管理机构关于经营水路运输业务的许可、投入使用的船舶的许可、经营船舶管理业务的许可，以及对水路运输市场实施监督管理的义务，县级以上人民政府交通运输主管部门和水路运输管理机构的工作人员应当严格按照《中华人民共和国行政许可法》和《条例》规定的相应条件和程序，在规定时间内对申请者作出许可或不予许可的决定，按照《中华人民共和国行政处罚法》及《条例》有关规定，对水路运输市场实施监督检查及行政处罚。如果交通运输主管部门和水路运输管理机构的工作人员超越了《中华人民共和国行政许可法》、《中华人民共和国行政处罚法》及《条例》赋予的职权，擅自处理其无权决定、处理的事项，则属于滥用职权的行为，应当承担法律责任。

2.玩忽职守，是指国家机关工作人员严重不负责任，不履行或者不正确履行职责的行为。不履行职责，是指职务上的不作为，不尽职责；不正确履行职责，是指对本职工作马马虎虎，漫不经心，不负责任。交通运输主管部门和水路运输管理机构的工作人员未按照《中华人民共和国行政许可法》、《中华人民共和国行政处罚法》和《条例》的规定，严重不负责任，不履行或者不正确履行有关水路运输管理职责的，则属于玩忽职守行为，应当承担法律责任。

3.徇私舞弊，是指为了徇个人私利或者亲友私情，故意不顾事实和违反法律，作枉法处理或枉法决定。交通运输主管部门和水路运输管理机构的工作人员为了个人私利或亲友私情，违反法律法规的规定作出处理或决定，则形成徇私舞弊行为，应当承担法律责任。

三、本条规定的承担法律责任

本条规定的承担法律责任的形式是行政处分。行政处分，是指国家机关、有关企事业单位依法给予隶属于它的犯有较轻违法行为尚不构成犯罪的公职人员的一种内部制裁性处理。按照2006年1月1日起施行的《中华人民共和国公务员法》（主席令第三十五号）和2007年6月1日起施行的《行政机关公务员处分条例》（国务院令第495号）的规定，行政机关公务员违反法律、法规、规章以及行政机关的决定和命令，应当承担纪律责任的，依法给予处分。处分分为：警告、记过、记大过、降级、撤职、开除六种。

1.警告：是较轻微的处分方式，是指行为人的行为已经构成违法，但情节比较轻微，予以警告处分。

2.记过：是一种警戒性的处分方式，具有严重警告的意义，从其适用对象来讲，其违法行为情节比警告严重。

3.记大过：是比记过更为严重的处分方式。适用警告、记过、记大过几类处分方式都是由于行为人的行为使国家和人民的利益受到一定损失而承担的行政责任，受此处分的人员仍可担任现职。

4. 降级：是降低行为人工资级别的处分方式，降级并不降低受处分人的职务级别。

5. 撤职：是指撤销行政机关工作人员所担任的职务的处分方式，被撤职者仍是国家公务人员，保留其所在单位的工作。撤职一般适用严重违法致使国家和人民利益遭受重大损失不能继续担任现职的国家工作人员。

6. 开除：是最严厉的处分方式，受开除处分的法律后果是剥夺受处分人国家工作人员资格，受处分人被开除后，其职务关系自行消灭。开除只适用于那些严重失职屡教不改或者蜕化变质，不适合再在国家机关担任工作的国家工作人员。

对如何适用这六种行政处分，应当根据行为人的违法违纪行为的性质、情节、危害程度，根据《中华人民共和国公务员法》、《中华人民共和国行政监察法》、《行政机关公务员处分条例》等有关公务员内部处分规定进行处理。对行政机关公务员给予处分，由任免机关或者监察机关（即处分决定机关）按照管理权限决定，其中，降级、撤职的处分应当由直属上级机关决定，报任命机关批准后执行。

如果因为滥用职权、玩忽职守、徇私舞弊的违法行为而造成严重后果构成犯罪的，应当承担刑事责任。

四、本条规定的行政处分的实施主体

本条规定的行政处分的实施主体是有关法律规定的行政机关。根据《中华人民共和国公务员法》、《中华人民共和国行政监察法》的有关规定，行政处分的实施主体是违法工作人员所属的任免机关或者行政监察机关。

第四十四条　违反本条例规定，构成违反治安管理行为的，依法给予治安管理处罚；构成犯罪的，依法追究刑事责任。

【释义】本条是关于违反本条例规定，构成违法治安管理行为或者犯罪应当承担的法律责任的规定。

一、本条规定的违法行为主体

本条规定的违法行为主体，主要包括水路运输业务及辅助业务经营者和各级水路运输主管部门的国家工作人员，还包括其他有关单位和个人。

二、本条规定的违法行为及法律责任

本条规定的违法行为及法律责任有两大类：

（一）违反本条例规定，构成违反治安管理行为的，应当承担治安管理处罚的法律责任。

为了维护社会治安秩序，保障公共安全，保护公民、法人和其他组织的合法权益，规范和保障公安机关及其人民警察依法履行治安管理职责，我国于 2006 年 3 月 1 日发布施行《中华人民共和国治安管理处罚法》（主席令第三十八号）。《中华人民共和国治安管理处罚法》规定，扰乱公共秩序，妨害公共安全，侵犯人身权利、财产权利，妨害社会管理，具有社会危害性，尚不够刑事处罚的，由公安机关依照本法给予治安管理处罚。治安管理处罚的种类分为：警告、罚款、行政拘留、吊销公安机关发放的许可证四种。水路运输业务及辅助业务经营者、负责水路运输管理的工作人员违反本条例规定，导致扰乱公共秩序，妨害公共安全，侵犯人身权利、财产权利，妨害社会管理，具有社会危害性，构成违反治安管理行为，尚不构成犯罪的，则应当依照《中华人民共和国治安管理处罚法》的规定受到治安管理处罚。对哪些行为构成违法治安管理行为，总的判断原则是，违反治安管理的行为一般具有三个特征：一是具有一定的社会危害性，对国家、社会和公民的合法权益造成危害；二是属于违反了《中华人民共和国治安管理处罚法》等治安管理方面的法律法规的行为；三是行为情节尚不构成刑事处罚。根据《中华人民共和国治安管理处罚法》和《公安部关于规范违反治安管理行为名称的意见》（公安部公通字〔2005〕95 号文件），对《条例》涉及的可能构成违反治安管理的行为进行梳理，主要有以下几种：

1. 拒不执行紧急状态下的决定、命令。《中华人民共和国治安管理处罚法》第五十条第一款规定："有下列行为之一的，处警告或者二百元以下罚款；情节严重的，处五日以上十日以下拘留，可以并处五百元以下罚款：（一）拒不执行人民政府在紧急状态情况下依法发布的决定、命令的……"

2. 阻碍执行职务。《中华人民共和国治安管理处罚法》第五十条第二款规定："有下列行为之一的，处警告或者二百元以下罚款；情节严重的，处五日以上十日以下拘留，可以并处五百元以下罚款：……（二）阻碍国家机关工作人员依法执行职务的"。

3. 伪造、变造、买卖公文、证件、证明文件、印章。《中华人民共和国治安管理处罚法》第五十二条第一款规定："有下列行为之一的，处十日以上十五日以下拘留，可以并处一千元以下罚款；情节较轻的，处五日以上十日以下拘留，可以并处五百元以下罚款。（一）伪造、变造或者买卖国家机关、人民团体、企业、事业单位或者其他组织的公文、证件、证明文件、印章的"。

4. 买卖、使用伪造、变造的公文、证件、证明文件。《中华人民共和国治安管理处罚法》第五十二条第二款规定："有下列行为之一的，处十日以上十五日以下拘留，可以并处一千元以下罚款；情节较轻的，处五日以上十日以下拘留，可以并处五百元以下罚款：……（二）买卖或者使用伪造、变造的国家机关、人民团体、企业、事业单位或者其他组织的公文、证件、证明文件的"。

5. 驾船擅自进入、停靠国家管制的水域、岛屿。《中华人民共和国治安管理处罚法》第五十三条规定："船舶擅自进入、停靠国家禁止、限制进入的水域或者岛屿的，对船舶负责人及有关责任人员处五百元以上一千元以下罚款；情节严重的，处五日以下拘留，并处五百元以上一千元以下罚款"。

6. 伪造、隐匿、毁灭证据。《中华人民共和国治安管理处罚法》第六十条第二款规定："有下列行为之一的，处五日以上十日以下拘留，并处二百元以上五百元以下罚款：……（二）伪造、隐匿、毁灭证据或者提供虚假证言、谎报案情，影响行政执法机关依法办案的"。

（二）违反《条例》规定，构成犯罪行为的，应当承担刑事责任。

本条例以国务院令形式颁布实施，属于国家行政法规，行为人违反本条例规定，情节严重构成犯罪的，除了应当承担行政责任为外，还应当依法承担刑事责任。行政责任和刑事责任是独立存在的两种责任，可同时作用于同一行为人身上，行为人不能因为受到了行政责任追求就可免予追究其刑事责任，也不能因为已经追究了刑事责任就可免除其应当承担的行政责任。对于哪些行为构成犯罪行为，总的判断原则是，犯罪行为一般具有两个特征：一是社会危害性；二是具有依法应受惩罚性，要严格按照《中华人民共和国刑法》规定的犯罪的主体、客体、主观行为、客观行为要件进行判断。《条例》涉及的需要追究刑事责任的犯罪主要有：

1. 伪造、变造、买卖国家机关公文、证件罪。水路运输及其辅助业务经营者伪造、变卖、买卖水路运输业务许可证、水路运输辅助业务许可证、船舶营运证等情节特别严重的，依照《中华人民共和国刑法》第二百八十条第一款予以追究伪造、变造、买卖国家机关公文、证件罪，处三年以下有期徒刑、拘役、管制或者剥夺政治权利；情节严重的，处三年以上十年以下有期徒刑。

2. 交通肇事罪。水路运输及其辅助业务经营者未按照法律法规规定，履行有关安全管理的义务，导致发生交通事故，致人重伤、死亡或者公私财产遭受重大损失构成犯罪的，依照《中华人民共和国刑法》第一百三十三条第一款规定予以追究交通肇事罪，处三年以下有期徒刑或者拘役；交通运输肇事后逃逸或者有其他特别恶劣情节的，处三年以上七年以下有期徒刑；因逃逸致人死亡的，处七年以上有期徒刑。

3. 妨害公务罪。水路运输及其辅助业务经营者以暴力、威胁方法阻碍负责水路运输管理的部门的工作人员履行水路运输市场的监督检查职责，及对水路运输及其辅助业务的违法经营活动实施处罚职责时，依照《中华人民共和国刑法》第二百七十七条第一款规定予以追究妨害公务罪，处三年以下有期徒刑、拘役、管制或者罚金。

4. 重大环境污染事故罪。水路危险货物运输经营者未按照国家法律、法规及有关危险货物运输的规定经营危险货物运输，向水体排放、倾倒或者处置有放射性的废物、含传染病病原体的废物、有毒物质或者其他危险废物，造成重大环境污染事故构成犯罪的，依照《中华人民共和国刑法》第三百三十八条予以追究重大环境污染事故罪。处三年以下有期徒刑或拘役，并处或者单处罚金；后果特别严重的，处三年以上七年以下有期徒刑，并处罚金。

5. 危险物品肇事罪。水路运输经营者违反爆炸性、易燃性、放射性、毒害性、腐蚀性物品的管理规定，在运输、管理中发生重大事故，造成严重后果构成犯罪的，依照《中华人民共和国刑法》第一百三十六条予以追究危险物品肇事罪。处三年以下有期徒刑或者拘役；后果特别严重的，处三年以上七年以下有期徒刑。

6. 行贿罪。水路运输及其辅助业务经营者为非法取得水路运输及其辅助业务经营许可证件、船舶营运证件，给予负责水路运输管理的部门的工作人员以财务的行为，构成犯罪的，依照《中华人民共和国刑法》第三百八十九条予以追究行贿罪。处五年以下有期徒刑或者拘役；因行贿谋取不正当利益，情节严重的，或者使国家利益遭受重大损失的，处五年以上十年以下有期徒刑；情节特别严重的，处十年以上有期徒刑或者无期徒刑，可以并处没收财产。

7.受贿罪。负责水路运输管理的部门的工作人员在水路运输管理工作中利用职务上的便利，非法收受他人财务，或者索取他人财务为他人谋取利益，构成犯罪的，依照《中华人民共和国刑法》第三百八十五条予以追究行贿罪，根据受贿所得数额及情节，处有期徒刑或者拘役，可以并处没收财产；情节特别严重的，处无期徒刑直至死刑，并处没收财产。

8.滥用职权罪和玩忽职守罪。负责水路运输管理的部门的工作人员超越职权或者违反决定、处理其无权决定、处理的事项，或者违反规定处理公务；或者严重不负责任，不履行或者不正确履行职责，致使公共财产、国家和人民利益遭受重大损失的，依照《中华人民共和国刑法》第三百九十七条追究滥用职权罪和玩忽职守罪，处三年以下有期徒刑或者拘役；情节特别严重的，处三年以上七年以下有期徒刑。刑法另有规定的，依照规定。国家机关工作人员徇私舞弊，犯前款罪的，处五年以下有期徒刑或者拘役；情节特别严重的，处五年以上十年以下有期徒刑。刑法另有规定的，依照规定。

三、本条规定的法律责任的实施主体

本条规定的执法主体是公安机关或司法机关。违反条例规定的行为属于或者可能属于违反治安管理行为或者犯罪行为的，应当由公安机关或者司法机关进行处理。根据《中华人民共和国治安管理处罚法》和《中华人民共和国刑法》的规定，治安管理工作由公安机关负责，犯罪行为的追究由司法机关负责。负责水路运输管理的部门在依法查处违法行为过程中，发现违法实施的情节、违法事实造成的后果等，根据《中华人民共和国治安管理处罚法》和《中华人民共和国刑法》以及相关司法解释的规定，涉嫌构成违反治安管理或者构成犯罪依法需要追究刑事责任的，应当及时移送公安机关处理，或者按照《行政执法机关移送涉嫌犯罪案件的规定》及时移送司法机关处理，不得以行政处罚代替治安管理处罚和刑事处罚。

第六章　附　　则

[**本章提要**] 本章共两条，分别对载客12人以下的客运船舶以及乡、镇客运渡船运输的适用和《条例》生效日期作了规定。

附则，是附在法律、法规、规章最后部分的规则，是法的整体中作为与总则、分则并行存在的组成部分，一般为辅助性内容，不对实质性内容作出规定，即不规定权利和义务。从立法实践看，附则通常包括：一是法律、法规、规章中的用语解释。对法律、法规、规章中的专用术语进行必要的解释，可以使有关规定更加明确，便于法律、法规、规章的实施。二是法律、法规、规章适用范围的补充性规定。适用范围多数放在总则中，但也可将适用范围的补充性规定放在附则中。三是有关授权立法的规定。主要是为了增强法律、法规的可操作性，或者为了规范与该法律、法规规定事项有关的某一特定事项，授予特定的机关制定实施细则性、单行性法规或者规章的权利。四是有关解释权的规定。即明确规定有权解释该法律、法规、规章的机关。自《中华人民共和国立法法》对解释权做了明确规定后，这种解释权的规定一般就不再单独做规定了。五是有关生效日期的规定。六是与其他有关法律、法规、规章的关系的规定。如明确废止其他有关法律、法规、规章，或者明确规定其他有关法律、法规、规章与该法律、法规、规章的规定不一致的，以该法律、法规、规章的规定为准等。需要说明的是，上述内容并非在每部法律、法规、规章中都必须具备，而是根据具体情况和立法需要，有选择地予以规定。因此，每部法律、法规、规章的情况不一，附则规定的内容也不尽一致。

第四十五条　载客 12 人以下的客运船舶以及乡、镇客运渡船运输的管理办法，由省、自治区、直辖市人民政府另行制定。

【释义】本条是关于对载客 12 人以下的客运船舶以及乡、镇客运渡船运输管理如何适用的规定。

国际、国内航运立法（如《国际海上人命安全公约》（SOLAS）、《水路运输管理条例实施细则》等）将客船界定为载客超过 12 人的船舶，也就是将载客 12 人以上的船舶纳入旅客运输管理规则当中加以调整，在经营、安全等方面提出管理要求，以更好地保障旅客运输的安全。

对于载客 12 人以下的小型船舶，一般均单独管理。载客 12 人以下的小型船舶，在我国数量较多，且活动范围主要集中在某些特定区域和范围内，鉴于其地域性特点，《条例》继续原条例的作法，规定由省、自治区、直辖市人民政府另行制定管理办法。

乡镇运输船舶，一般是指乡镇和农村中的企业事业单位、个体、合伙人、承包经营户从事客货运输的船舶。20 世纪 80 年代中期，随着水上运输市场的改革开放，内河水上船舶成分和运力结构发生了巨大变化。特别是乡镇运输船舶如雨后春笋，蓬勃发展，形成了一个超前发展趋势。2001 年，全国共有乡镇运输船舶近 30 万艘，从业人员 40 多万人，成为繁荣地区经济不可或缺的水上运输生产力量。但是，由于乡镇运输船舶点多面广量大，也带来了安全生产管理问题。重大沉船事故频繁发生，群死群伤事故触目惊心，重特大交通事故已占水上全部重特大交通事故的 70%，乡镇运输船舶安全管理成为影响水上交通安全形势的决定性因素。其中,乡镇客渡船是沿江地区人民群众特别是农民群众出行的重要交通工具,客渡船安全关系到千家万户的安危,客渡船安全管理涉及社会稳定,是防止群死群伤事故的重中之重。

乡镇客渡船,分布在我国不同区域,差别较大,在全国范围内统一管理难度较大。从管理实践来看,将乡镇客渡船的管理放在地方人民政府是行之有效的管理方法。按照《国务院关于加强内河乡镇运输船舶安全管理的通知》(国发〔1987〕98 号文件)和《中华人民共和国内河交通安全管理条例》的要求,乡镇客渡船的管理职责主要在地方人民政府,故《条例》明确乡镇渡船运输的管理办法由省、自治区、直辖市人民政府另行制定。

第四十六条　本条例自 2013 年 1 月 1 日起施行。1987 年 5 月 12 日国务院发布的《中华人民共和国水路运输管理条例》同时废止。

【释义】本条是关于《条例》生效日期及 1987 年 5 月 12 日国务院发布的《中华人民共和国水路运输管理条例》同时废止的规定。

一、《条例》自 2013 年 1 月 1 日起施行

法律、法规、规章的生效日期,是指法律、法规、规章并对其所调整的社会关系发生约束力的具体时间。生效日期的规定,是法律规范性文件的重要组成部分,是其产生社会规范功能的时间起点,关系到公民、法人、其他社会组织等社会主体从何时起可以按照法律、法规、规章规定享有权利并履行义务,影响着法律、法规、规章的实施和适用。《中华人民共和国立法法》第五十一条规定:“法律应当明确规定施行日期。”《行政法规制定程序条例》第二十七条第二款规定:“签署公布行政法规的国务院

院令载明该行政法规的施行日期。"因此,法律、法规、规章都必须明确规定其产生法律效力的具体日期。正确理解法规的施行日期,是运用法规不可缺少的条件,法律、法规、规章从何时开始生效,一般根据该法规性质和实际需要来决定。从我国的立法实践来看,关于法律、法规、规章的生效时间,通常有三种表述方式:

一是在法律条文中明确规定"本法(条例、办法)自某年某月某日起施行"。目前,绝大多数法律、法规、规章采用这种模式,即法律、法规、规章公布之后间隔一段时间,才正式生效施行。一方面是为了在法律、法规、规章生效前,预留一定的时间,让社会各界更好的了解和熟知法律、法规、规章内容;另一方面也是为了实施法律、法规、规章做好组织上、思想上、制度上以及物质条件等方面的相应准备,保证法律、法规、规章更好的顺利实施。

二是在法律条文中规定"本法(本条例、本办法)自公布之日起施行"。根据《行政法规制定程序条例》规定,涉及国家安全、外汇汇率、货币政策的确定以及公布后不立即执行将有碍行政法规实施的,可以自公布之日起施行,具体时间一般为国务院总理签署国务院令的时间,如《突发公共卫生事件应急条例》、《安全生产许可证条例》等。

三是法律、法规、规章公布后先予以试行或者暂行,而后由立法部门加以补充修改,再通过正式法律、法规、规章,公布施行。在试行期间,具有同样的约束效力。这种情况较为特殊,在立法实践中并不多见,主要是考虑到某些有密切联系的法律、法规、规章之间的配套衔接问题。如《中华人民共和国企业破产法(试行)》第四十三条规定:"本法自全民所有制工业企业法实施满三个月之日起施行,施行的具体部署和步骤由国务院规定。"

行政法规何时公布和实施,根据《中华人民共和国立法法》的规定:“由总理签署国务院令来确定”。《行政法规制定程序条例》规定:“行政法规草案由国务院常务委员会审议”。“国务院法制机构应当根据国务院对行政法规草案的审议意见,对行政法规草案进行修改,形成草案修改稿,报请总理签署国务院令公布实施”。“签署公布国务院令载明该行政法规的实施日期”。本条例采用上述第一种方式,按照《中华人民共和国立法法》和《行政法规制定程序规定》的规定,国务院总理温家宝于2012年9月26日主持召开国务院常务会议,审议并原则通过《国内水路运输管理条例(草案)》,并于2012年10月13日签署了中华人民共和国国务院第625号令,公布本条例自2013年1月1日起施行。《国内水路运输管理条例》自2013年1月1日起生效以后,任何单位和个人都应当严格遵守,按照《国内水路运输管理条例》的规定办事,如有违法都要承担法律责任。

二、《条例》不具有溯及力

所谓溯及力,即条例溯及既往的效力,是指法律、法规、规章生效以后能否适用于生效以前的行为和事件。如果适用,就表明具有溯及力,如果不适用,就表明不具有溯及力。目前,世界各国一般都采用不溯及既往的原则,我国也采用不溯及既往的原则。《中华人民共和国立法法》第八十四条规定:“法律、行政法规、地方性法规、自治条例和单行条例、规章不溯及既往,但为了更好地保护公民、法人和其他组织的权利和权益而作的特别规定除外。”我国法律、法规、规章也不采用溯及既往的原则,一般是没有溯及力的,如果有溯及力,则需要在法律条文中作出明确规定。《条例》对溯及力问题没有明确规定,则表明条例不具有溯及力,只对其生效实施后的行为和事件有约束力,对它生效前的行为和事件不具有约束力。

三、《中华人民共和国水路运输管理条例》自2013年1月1日起废止

1987年5月12日国务院发布的《中华人民共和国水路运输管理条例》,对推动国内水路运输的发展发挥了积极作用,但经过20多年的发展,国内水路运输市场发生了较大变化,《中华人民共和国水路运输管理条例》的许多规定已明显不适应社会主义市场经济发展和依法行政的要求,《条例》在《中华人民共和国水路运输管理条例》的基础上,对其中的行政许可制度、市场监管制度等进行了调整,作出了更适应社会主义市场经济和国内水路运输业发展现状及未来一段时期发展需要的制度规定。《中华人民共和国水路运输管理条例》自2013年1月1日起废止。

附　录

附录 1

中华人民共和国国务院令

第 625 号

《国内水路运输管理条例》已经 2012 年 9 月 26 日国务院第 218 次常务会议通过，现予公布，自 2013 年 1 月 1 日起施行。

总理　温家宝

2012 年 10 月 13 日

国内水路运输管理条例

第一章　总　则

第一条　为了规范国内水路运输经营行为，维护国内水路运输市场秩序，保障国内水路运输安全，促进国内水路运输业健康发展，制定本条例。

第二条　经营国内水路运输以及水路运输辅助业务，应当遵守本条例。

本条例所称国内水路运输（以下简称水路运输），是指始发港、挂靠港和目的港均在中华人民共和国管辖的通航水域内的经营性旅客运输和货物运输。

本条例所称水路运输辅助业务，是指直接为水路运输提供服务的船舶管理、船舶代理、水路旅客运输代理和水路货物运输代理等经营活动。

第三条 国家鼓励和保护水路运输市场的公平竞争，禁止垄断和不正当竞争行为。

国家运用经济、技术政策等措施，支持和鼓励水路运输经营者实行规模化、集约化经营，促进水路运输行业结构调整；支持和鼓励水路运输经营者采用先进适用的水路运输设备和技术，保障运输安全，促进节约能源，减少污染物排放。

国家保护水路运输经营者、旅客和货主的合法权益。

第四条 国务院交通运输主管部门主管全国水路运输管理工作。

县级以上地方人民政府交通运输主管部门主管本行政区域的水路运输管理工作。县级以上地方人民政府负责水路运输管理的部门或者机构（以下统称负责水路运输管理的部门）承担本条例规定的水路运输管理工作。

第五条 经营水路运输及其辅助业务，应当遵守法律、法规，诚实守信。

国务院交通运输主管部门和负责水路运输管理的部门应当依法对水路运输市场实施监督管理，对水路运输及其辅助业务的违法经营活动实施处罚，并建立经营者诚信管理制度，及时向社会公告监督检查情况。

第二章 水路运输经营者

第六条 申请经营水路运输业务，除本条例第七条规定的情形外，申请人应当符合下列条件：

（一）具备企业法人条件；

（二）有符合本条例第十三条规定的船舶，并且自有船舶运力符合国务院交通运输主管部门的规定；

（三）有明确的经营范围，其中申请经营水路旅客班轮运输业务的，还应当有可行的航线营运计划；

（四）有与其申请的经营范围和船舶运力相适应的海务、机务管理人员；

（五）与其直接订立劳动合同的高级船员占全部船员的比例符合国务院交通运输主管部门的规定；

（六）有健全的安全管理制度；

（七）法律、行政法规规定的其他条件。

第七条 个人可以申请经营内河普通货物运输业务。

申请经营内河普通货物运输业务的个人，应当有符合本条例第十三条规定且船舶吨位不超过国务院交通运输主管部门规定的自有船舶，并应当符合本条例第六条第六项、第七项规定的条件。

第八条 经营水路运输业务，应当按照国务院交通运输主管部门的规定，经国务院交通运输主管部门或者设区的市级以上地方人民政府负责水路运输管理的部门批准。

申请经营水路运输业务，应当向前款规定的负责审批的部门提交申请书和证明申请人符合本条例第六条或者第七条规定条件的相关材料。

负责审批的部门应当自受理申请之日起30个工作日内审查完毕，作出准予许可或者不予许可的决定。予以许可的，发给水路运输业务经营许可证件，并为申请人投入运营的船舶配发船舶营运证件；不予许可的，应当书面通知申请人并说明理由。

取得水路运输业务经营许可的，持水路运输业务经营许可证件依法向工商行政管理机关办理登记后，方可从事水路运输经营活动。

第九条 各级交通运输主管部门应当做好水路运输市场统计和调查分析工作,定期向社会公布水路运输市场运力供需状况。

第十条 为保障水路运输安全,维护水路运输市场的公平竞争秩序,国务院交通运输主管部门可以根据水路运输市场监测情况,决定在特定的旅客班轮运输和散装液体危险货物运输航线、水域暂停新增运力许可。

采取前款规定的运力调控措施,应当符合公开、公平、公正的原则,在开始实施的60日前向社会公告,说明采取措施的理由以及采取措施的范围、期限等事项。

第十一条 外国的企业、其他经济组织和个人不得经营水路运输业务,也不得以租用中国籍船舶或者舱位等方式变相经营水路运输业务。

香港特别行政区、澳门特别行政区和台湾地区的企业、其他经济组织以及个人参照适用前款规定,国务院另有规定的除外。

第十二条 依照本条例取得许可的水路运输经营者终止经营的,应当自终止经营之日起15个工作日内向原许可机关办理注销许可手续,交回水路运输业务经营许可证件。

第十三条 水路运输经营者投入运营的船舶应当符合下列条件:

(一)与经营者的经营范围相适应;

(二)取得有效的船舶登记证书和检验证书;

(三)符合国务院交通运输主管部门关于船型技术标准和船龄的要求;

(四)法律、行政法规规定的其他条件。

第十四条 水路运输经营者新增船舶投入运营的,应当凭水路运输业务经营许可证件、船舶登记证书和检验证书向国务院交通运输主管部门或者设区的市级以上地方人民政府负责水路运输管理的部门领取船舶营运证件。

从事水路运输经营的船舶应当随船携带船舶营运证件。

海事管理机构办理船舶进出港签证，应当检查船舶的营运证件。对不能提供有效的船舶营运证件的，不得为其办理签证，并应当同时通知港口所在地人民政府负责水路运输管理的部门。港口所在地人民政府负责水路运输管理的部门收到上述通知后，应当在24小时内作出处理并将处理情况书面通知有关海事管理机构。

第十五条　国家根据保障运输安全、保护水环境、节约能源、提高航道和通航设施利用效率的需求，制定并实施新的船型技术标准时，对正在使用的不符合新标准但符合原有标准且未达到规定报废船龄的船舶，可以采取资金补贴等措施，引导、鼓励水路运输经营者进行更新、改造；需要强制提前报废的，应当对船舶所有人给予补偿。具体办法由国务院交通运输主管部门会同国务院财政部门制定。

第十六条　水路运输经营者不得使用外国籍船舶经营水路运输业务。但是，在国内没有能够满足所申请运输要求的中国籍船舶，并且船舶停靠的港口或者水域为对外开放的港口或者水域的情况下，经国务院交通运输主管部门许可，水路运输经营者可以在国务院交通运输主管部门规定的期限或者航次内，临时使用外国籍船舶运输。

在香港特别行政区、澳门特别行政区、台湾地区进行船籍登记的船舶，参照适用本条例关于外国籍船舶的规定，国务院另有规定的除外。

第三章　水路运输经营活动

第十七条　水路运输经营者应当在依法取得许可的经营范围内从事水路运输经营。

第十八条　水路运输经营者应当使用符合本条例规定条件、配备合格船员的船舶，并保证船舶处于适航状态。

水路运输经营者应当按照船舶核定载客定额或者载重量载

运旅客、货物，不得超载或者使用货船载运旅客。

第十九条 水路运输经营者应当依照法律、行政法规和国务院交通运输主管部门关于水路旅客、货物运输的规定、质量标准以及合同的约定，为旅客、货主提供安全、便捷、优质的服务，保证旅客、货物运输安全。

水路旅客运输业务经营者应当为其客运船舶投保承运人责任保险或者取得相应的财务担保。

第二十条 水路运输经营者运输危险货物，应当遵守法律、行政法规以及国务院交通运输主管部门关于危险货物运输的规定，使用依法取得危险货物适装证书的船舶，按照规定的安全技术规范进行配载和运输，保证运输安全。

第二十一条 旅客班轮运输业务经营者应当自取得班轮航线经营许可之日起60日内开航，并在开航15日前公布所使用的船舶、班期、班次、运价等信息。

旅客班轮运输应当按照公布的班期、班次运行；变更班期、班次、运价的，应当在15日前向社会公布；停止经营部分或者全部班轮航线的，应当在30日前向社会公布并报原许可机关备案。

第二十二条 货物班轮运输业务经营者应当在班轮航线开航的7日前，公布所使用的船舶以及班期、班次和运价。

货物班轮运输应当按照公布的班期、班次运行；变更班期、班次、运价或者停止经营部分或者全部班轮航线的，应当在7日前向社会公布。

第二十三条 水路运输经营者应当依照法律、行政法规和国家有关规定，优先运送处置突发事件所需的物资、设备、工具、应急救援人员和受到突发事件危害的人员，重点保障紧急、重要的军事运输。

出现关系国计民生的紧急运输需求时，国务院交通运输主管部门按照国务院的部署，可以要求水路运输经营者优先运输需要紧急运输的物资。水路运输经营者应当按照要求及时运输。

第二十四条 水路运输经营者应当按照统计法律、行政法规的规定报送统计信息。

第四章 水路运输辅助业务

第二十五条 运输船舶的所有人、经营人可以委托船舶管理业务经营者为其提供船舶海务、机务管理等服务。

第二十六条 申请经营船舶管理业务，申请人应当符合下列条件：

（一）具备企业法人条件；

（二）有健全的安全管理制度；

（三）有与其申请管理的船舶运力相适应的海务、机务管理人员；

（四）法律、行政法规规定的其他条件。

第二十七条 经营船舶管理业务，应当经设区的市级以上地方人民政府负责水路运输管理的部门批准。

申请经营船舶管理业务，应当向前款规定的部门提交申请书和证明申请人符合本条例第二十六条规定条件的相关材料。

受理申请的部门应当自受理申请之日起30个工作日内审查完毕，作出准予许可或者不予许可的决定。予以许可的，发给船舶管理业务经营许可证件，并向国务院交通运输主管部门备案；不予许可的，应当书面通知申请人并说明理由。

取得船舶管理业务经营许可的，持船舶管理业务经营许可证件依法向工商行政管理机关办理登记后，方可经营船舶管理业务。

第二十八条 船舶管理业务经营者接受委托提供船舶管理服务，应当与委托人订立书面合同，并将合同报所在地海事管理机构备案。

船舶管理业务经营者应当按照国家有关规定和合同约定履行有关船舶安全和防止污染的管理义务。

第二十九条 水路运输经营者可以委托船舶代理、水路旅客运输代理、水路货物运输代理业务的经营者，代办船舶进出港手续等港口业务，代为签订运输合同，代办旅客、货物承揽业务以及其他水路运输代理业务。

第三十条 船舶代理、水路旅客运输代理业务的经营者应当自企业设立登记之日起15个工作日内，向所在地设区的市级人民政府负责水路运输管理的部门备案。

第三十一条 船舶代理、水路旅客运输代理、水路货物运输代理业务的经营者接受委托提供代理服务，应当与委托人订立书面合同，按照国家有关规定和合同约定办理代理业务，不得强行代理，不得为未依法取得水路运输业务经营许可或者超越许可范围的经营者办理代理业务。

第三十二条 本条例第十二条、第十七条的规定适用于船舶管理业务经营者。本条例第十一条、第二十四条的规定适用于船舶管理、船舶代理、水路旅客运输代理和水路货物运输代理业务经营活动。

国务院交通运输主管部门应当依照本条例的规定制定水路运输辅助业务的具体管理办法。

第五章 法律责任

第三十三条 未经许可擅自经营或者超越许可范围经营水路运输业务或者国内船舶管理业务的，由负责水路运输管理的部门责令停止经营，没收违法所得，并处违法所得1倍以上5倍以下的罚款；没有违法所得或者违法所得不足3万元的，处3万元以上15万元以下的罚款。

第三十四条 水路运输经营者使用未取得船舶营运证件的船舶从事水路运输的，由负责水路运输管理的部门责令该船停止经营，没收违法所得，并处违法所得1倍以上5倍以下的罚款；没有违法所得或者违法所得不足2万元的，处2万元以上10

万元以下的罚款。

从事水路运输经营的船舶未随船携带船舶营运证件的，责令改正，可以处1000元以下的罚款。

第三十五条 水路运输经营者未经国务院交通运输主管部门许可或者超越许可范围使用外国籍船舶经营水路运输业务，或者外国的企业、其他经济组织和个人经营或者以租用中国籍船舶或者舱位等方式变相经营水路运输业务的，由负责水路运输管理的部门责令停止经营，没收违法所得，并处违法所得1倍以上5倍以下的罚款；没有违法所得或者违法所得不足20万元的，处20万元以上100万元以下的罚款。

第三十六条 以欺骗或者贿赂等不正当手段取得本条例规定的行政许可的，由原许可机关撤销许可，处2万元以上20万元以下的罚款；有违法所得的，没收违法所得；国务院交通运输主管部门或者负责水路运输管理的部门自撤销许可之日起3年内不受理其对该项许可的申请。

第三十七条 出租、出借、倒卖本条例规定的行政许可证件或者以其他方式非法转让本条例规定的行政许可的，由负责水路运输管理的部门责令改正，没收违法所得，并处违法所得1倍以上5倍以下的罚款；没有违法所得或者违法所得不足3万元的，处3万元以上15万元以下的罚款；情节严重的，由原许可机关吊销相应的许可证件。

伪造、变造、涂改本条例规定的行政许可证件的，由负责水路运输管理的部门没收伪造、变造、涂改的许可证件，处3万元以上15万元以下的罚款；有违法所得的，没收违法所得。

第三十八条 水路运输经营者有下列情形之一的，由海事管理机构依法予以处罚：

（一）未按照规定配备船员或者未使船舶处于适航状态；

（二）超越船舶核定载客定额或者核定载重量载运旅客或者货物；

(三)使用货船载运旅客;

(四)使用未取得危险货物适装证书的船舶运输危险货物。

第三十九条　水路旅客运输业务经营者未为其经营的客运船舶投保承运人责任保险或者取得相应的财务担保的,由负责水路运输管理的部门责令限期改正,处2万元以上10万元以下的罚款;逾期不改正的,由原许可机关吊销该客运船舶的船舶营运许可证件。

第四十条　班轮运输业务经营者未提前向社会公布所使用的船舶、班期、班次和运价或者其变更信息的,由负责水路运输管理的部门责令改正,处2000元以上2万元以下的罚款。

第四十一条　旅客班轮运输业务经营者自取得班轮航线经营许可之日起60日内未开航的,由负责水路运输管理的部门责令改正;拒不改正的,由原许可机关撤销该项经营许可。

第四十二条　水路运输、船舶管理业务经营者取得许可后,不再具备本条例规定的许可条件的,由负责水路运输管理的部门责令限期整改;在规定期限内整改仍不合格的,由原许可机关撤销其经营许可。

第四十三条　负责水路运输管理的国家工作人员在水路运输管理活动中滥用职权、玩忽职守、徇私舞弊,不依法履行职责的,依法给予处分。

第四十四条　违反本条例规定,构成违反治安管理行为的,依法给予治安管理处罚;构成犯罪的,依法追究刑事责任。

第六章　附　　则

第四十五条　载客12人以下的客运船舶以及乡、镇客运渡船运输的管理办法,由省、自治区、直辖市人民政府另行制定。

第四十六条　本条例自2013年1月1日起施行。1987年5月12日国务院发布的《中华人民共和国水路运输管理条例》同时废止。

附录 2

中华人民共和国行政处罚法

(1996 年 3 月 17 日第八届全国人民代表大会第四次会议通过)

第一章　总　　则

第一条　为了规范行政处罚的设定和实施,保障和监督行政机关有效实施行政管理,维护公共利益和社会秩序,保护公民、法人或者其他组织的合法权益,根据宪法,制定本法。

第二条　行政处罚的设定和实施,适用本法。

第三条　公民、法人或者其他组织违反行政管理秩序的行为,应当给予行政处罚的,依照本法由法律、法规或者规章规定,并由行政机关依照本法规定的程序实施。

没有法定依据或者不遵守法定程序的,行政处罚无效。

第四条　行政处罚遵循公正、公开的原则。

设定和实施行政处罚必须以事实为依据,与违法行为的事实、性质、情节以及社会危害程度相当。

对违法行为给予行政处罚的规定必须公布;未经公布的,不得作为行政处罚的依据。

第五条　实施行政处罚,纠正违法行为,应当坚持处罚与教育相结合,教育公民、法人或者其他组织自觉守法。

第六条　公民、法人或者其他组织对行政机关所给予的行政处罚,享有陈述权、申辩权;对行政处罚不服的,有权依法申请行政复议或者提起行政诉讼。

公民、法人或者其他组织因行政机关违法给予行政处罚受到损害的，有权依法提出赔偿要求。

第七条 公民、法人或者其他组织因违法受到行政处罚，其违法行为对他人造成损害的，应当依法承担民事责任。

违法行为构成犯罪，应当依法追究刑事责任，不得以行政处罚代替刑事处罚。

第二章 行政处罚的种类和设定

第八条 行政处罚的种类：

（一）警告；

（二）罚款；

（三）没收违法所得、没收非法财物；

（四）责令停产停业；

（五）暂扣或者吊销许可证、暂扣或者吊销执照；

（六）行政拘留；

（七）法律、行政法规规定的其他行政处罚。

第九条 法律可以设定各种行政处罚。

限制人身自由的行政处罚，只能由法律设定。

第十条 行政法规可以设定除限制人身自由以外的行政处罚。

法律对违法行为已经作出行政处罚规定，行政法规需要作出具体规定的，必须在法律规定的给予行政处罚的行为、种类和幅度的范围内规定。

第十一条 地方性法规可以设定除限制人身自由、吊销企业营业执照以外的行政处罚。

法律、行政法规对违法行为已经作出行政处罚规定，地方性法规需要作出具体规定的，必须在法律、行政法规规定的给予行政处罚的行为、种类和幅度的范围内规定。

第十二条 国务院部、委员会制定的规章可以在法律、行政法规规定的给予行政处罚的行为、种类和幅度的范围内作出具体规定。

尚未制定法律、行政法规的，前款规定的国务院部、委员会制定的规章对违反行政管理秩序的行为，可以设定警告或者一定数量罚款的行政处罚。罚款的限额由国务院规定。

国务院可以授权具有行政处罚权的直属机构依照本条第一款、第二款的规定，规定行政处罚。

第十三条 省、自治区、直辖市人民政府和省、自治区人民政府所在地的市人民政府以及经国务院批准的较大的市人民政府制定的规章可以在法律、法规规定的给予行政处罚的行为、种类和幅度的范围内作出具体规定。

尚未制定法律、法规的，前款规定的人民政府制定的规章对违反行政管理秩序的行为，可以设定警告或者一定数量罚款的行政处罚。罚款的限额由省、自治区、直辖市人民代表大会常务委员会规定。

第十四条 除本法第九条、第十条、第十一条、第十二条以及第十三条的规定外，其他规范性文件不得设定行政处罚。

第三章　行政处罚的实施机关

第十五条 行政处罚由具有行政处罚权的行政机关在法定职权范围内实施。

第十六条 国务院或者经国务院授权的省、自治区、直辖市人民政府可以决定一个行政机关行使有关行政机关的行政处罚权，但限制人身自由的行政处罚权只能由公安机关行使。

第十七条 法律、法规授权的具有管理公共事务职能的组织可以在法定授权范围内实施行政处罚。

第十八条 行政机关依照法律、法规或者规章的规定，可以在其法定权限内委托符合本法第十九条规定条件的组织实施行政处罚。行政机关不得委托其他组织或者个人实施行政处罚。

委托行政机关对受委托的组织实施行政处罚的行为应当负

责监督，并对该行为的后果承担法律责任。

受委托组织在委托范围内，以委托行政机关名义实施行政处罚；不得再委托其他任何组织或者个人实施行政处罚。

第十九条 受委托组织必须符合以下条件：

（一）依法成立的管理公共事务的事业组织；

（二）具有熟悉有关法律、法规、规章和业务的工作人员；

（三）对违法行为需要进行技术检查或者技术鉴定的，应当有条件组织进行相应的技术检查或者技术鉴定。

第四章 行政处罚的管辖和适用

第二十条 行政处罚由违法行为发生地的县级以上地方人民政府具有行政处罚权的行政机关管辖。法律、行政法规另有规定的除外。

第二十一条 对管辖发生争议的，报请共同的上一级行政机关指定管辖。

第二十二条 违法行为构成犯罪的，行政机关必须将案件移送司法机关，依法追究刑事责任。

第二十三条 行政机关实施行政处罚时，应当责令当事人改正或者限期改正违法行为。

第二十四条 对当事人的同一个违法行为，不得给予两次以上罚款的行政处罚。

第二十五条 不满十四周岁的人有违法行为的，不予行政处罚，责令监护人加以管教；已满十四周岁不满十八周岁的人有违法行为的，从轻或者减轻行政处罚。

第二十六条 精神病人在不能辨认或者不能控制自己行为时有违法行为的，不予行政处罚，但应当责令其监护人严加看管和治疗。间歇性精神病人在精神正常时有违法行为的，应当给予行政处罚。

第二十七条 当事人有下列情形之一的，应当依法从轻或者减轻行政处罚：

(一)主动消除或者减轻违法行为危害后果的；

(二)受他人胁迫有违法行为的；

(三)配合行政机关查处违法行为有立功表现的；

(四)其他依法从轻或者减轻行政处罚的。

违法行为轻微并及时纠正，没有造成危害后果的，不予行政处罚。

第二十八条 违法行为构成犯罪，人民法院判处拘役或者有期徒刑时，行政机关已经给予当事人行政拘留的，应当依法折抵相应刑期。

违法行为构成犯罪，人民法院判处罚金时，行政机关已经给予当事人罚款的，应当折抵相应罚金。

第二十九条 违法行为在二年内未被发现的，不再给予行政处罚。法律另有规定的除外。

前款规定的期限，从违法行为发生之日起计算；违法行为有连续或者继续状态的，从行为终了之日起计算。

第五章 行政处罚的决定

第三十条 公民、法人或者其他组织违反行政管理秩序的行为，依法应当给予行政处罚的，行政机关必须查明事实；违法事实不清的，不得给予行政处罚。

第三十一条 行政机关在作出行政处罚决定之前，应当告知当事人作出行政处罚决定的事实、理由及依据，并告知当事人依法享有的权利。

第三十二条 当事人有权进行陈述和申辩。行政机关必须充分听取当事人的意见，对当事人提出的事实、理由和证据，应当进行复核；当事人提出的事实、理由或者证据成立的，行政机关应当采纳。

行政机关不得因当事人申辩而加重处罚。

第一节 简易程序

第三十三条 违法事实确凿并有法定依据，对公民处以五十元以下、对法人或者其他组织处以一千元以下罚款或者警告的行政处罚的，可以当场作出行政处罚决定。当事人应当依照本法第四十六条、第四十七条、第四十八条的规定履行行政处罚决定。

第三十四条 执法人员当场作出行政处罚决定的，应当向当事人出示执法身份证件，填写预定格式、编有号码的行政处罚决定书。行政处罚决定书应当当场交付当事人。

前款规定的行政处罚决定书应当载明当事人的违法行为、行政处罚依据、罚款数额、时间、地点以及行政机关名称，并由执法人员签名或者盖章。

执法人员当场作出的行政处罚决定，必须报所属行政机关备案。

第三十五条 当事人对当场作出的行政处罚决定不服的，可以依法申请行政复议或者提起行政诉讼。

第二节 一般程序

第三十六条 除本法第三十三条规定的可以当场作出的行政处罚外，行政机关发现公民、法人或者其他组织有依法应当给予行政处罚的行为的，必须全面、客观、公正地调查，收集有关证据；必要时，依照法律、法规的规定，可以进行检查。

第三十七条 行政机关在调查或者进行检查时，执法人员不得少于两人，并应当向当事人或者有关人员出示证件。当事人或者有关人员应当如实回答询问，并协助调查或者检查，不得阻挠。询问或者检查应当制作笔录。

行政机关在收集证据时，可以采取抽样取证的方法；在证据可能灭失或者以后难以取得的情况下，经行政机关负责人批准，可以先行登记保存，并应当在七日内及时作出处理决定，在此期间，当事人或者有关人员不得销毁或者转移证据。

执法人员与当事人有直接利害关系的，应当回避。

第三十八条　调查终结，行政机关负责人应当对调查结果进行审查，根据不同情况，分别作出如下决定：

（一）确有应受行政处罚的违法行为的，根据情节轻重及具体情况，作出行政处罚决定；

（二）违法行为轻微，依法可以不予行政处罚的，不予行政处罚；

（三）违法事实不能成立的，不得给予行政处罚；

（四）违法行为已构成犯罪的，移送司法机关。

对情节复杂或者重大违法行为给予较重的行政处罚，行政机关的负责人应当集体讨论决定。

第三十九条　行政机关依照本法第三十八条的规定给予行政处罚，应当制作行政处罚决定书。行政处罚决定书应当载明下列事项：

（一）当事人的姓名或者名称、地址；

（二）违反法律、法规或者规章的事实和证据；

（三）行政处罚的种类和依据；

（四）行政处罚的履行方式和期限；

（五）不服行政处罚决定，申请行政复议或者提起行政诉讼的途径和期限；

（六）作出行政处罚决定的行政机关名称和作出决定的日期。

行政处罚决定书必须盖有作出行政处罚决定的行政机关的印章。

第四十条　行政处罚决定书应当在宣告后当场交付当事人；当事人不在场的，行政机关应当在七日内依照民事诉讼法的有关规定，将行政处罚决定书送达当事人。

第四十一条　行政机关及其执法人员在作出行政处罚决

定之前,不依照本法第三十一条、第三十二条的规定向当事人告知给予行政处罚的事实、理由和依据,或者拒绝听取当事人的陈述、申辩,行政处罚决定不能成立;当事人放弃陈述或者申辩权利的除外。

第三节 听证程序

第四十二条 行政机关作出责令停产停业、吊销许可证或者执照、较大数额罚款等行政处罚决定之前,应当告知当事人有要求举行听证的权利;当事人要求听证的,行政机关应当组织听证。当事人不承担行政机关组织听证的费用。听证依照以下程序组织:

(一)当事人要求听证的,应当在行政机关告知后三日内提出;

(二)行政机关应当在听证的七日前,通知当事人举行听证的时间、地点;

(三)除涉及国家秘密、商业秘密或者个人隐私外,听证公开举行;

(四)听证由行政机关指定的非本案调查人员主持;当事人认为主持人与本案有直接利害关系的,有权申请回避;

(五)当事人可以亲自参加听证,也可以委托一至二人代理;

(六)举行听证时,调查人员提出当事人违法的事实、证据和行政处罚建议;当事人进行申辩和质证;

(七)听证应当制作笔录;笔录应当交当事人审核无误后签字或者盖章。

当事人对限制人身自由的行政处罚有异议的,依照治安管理处罚条例有关规定执行。

第四十三条 听证结束后,行政机关依照本法第三十八条的规定,作出决定。

第六章 行政处罚的执行

第四十四条 行政处罚决定依法作出后，当事人应当在行政处罚决定的期限内，予以履行。

第四十五条 当事人对行政处罚决定不服申请行政复议或者提起行政诉讼的，行政处罚不停止执行，法律另有规定的除外。

第四十六条 作出罚款决定的行政机关应当与收缴罚款的机构分离。

除依照本法第四十七条、第四十八条的规定当场收缴的罚款外，作出行政处罚决定的行政机关及其执法人员不得自行收缴罚款。

当事人应当自收到行政处罚决定书之日起十五日内，到指定的银行缴纳罚款。银行应当收受罚款，并将罚款直接上缴国库。

第四十七条 依照本法第三十三条的规定当场作出行政处罚决定，有下列情形之一的，执法人员可以当场收缴罚款：

(一)依法给予二十元以下的罚款的；

(二)不当场收缴事后难以执行的。

第四十八条 在边远、水上、交通不便地区，行政机关及其执法人员依照本法第三十三条、第三十八条的规定作出罚款决定后，当事人向指定的银行缴纳罚款确有困难，经当事人提出，行政机关及其执法人员可以当场收缴罚款。

第四十九条 行政机关及其执法人员当场收缴罚款的，必须向当事人出具省、自治区、直辖市财政部门统一制发的罚款收据；不出具财政部门统一制发的罚款收据的，当事人有权拒绝缴纳罚款。

第五十条 执法人员当场收缴的罚款，应当自收缴罚款之日起二日内，交至行政机关；在水上当场收缴的罚款，应当自抵岸之日起二日内交至行政机关;行政机关应当在二日内将罚款缴付指定的银行。

第五十一条 当事人逾期不履行行政处罚决定的,作出行政处罚决定的行政机关可以采取下列措施:

(一)到期不缴纳罚款的,每日按罚款数额的百分之三加处罚款;

(二)根据法律规定,将查封、扣押的财物拍卖或者将冻结的存款划拨抵缴罚款;

(三)申请人民法院强制执行。

第五十二条 当事人确有经济困难,需要延期或者分期缴纳罚款的,经当事人申请和行政机关批准,可以暂缓或者分期缴纳。

第五十三条 除依法应当予以销毁的物品外,依法没收的非法财物必须按照国家规定公开拍卖或者按照国家有关规定处理。

罚款、没收违法所得或者没收非法财物拍卖的款项,必须全部上缴国库,任何行政机关或者个人不得以任何形式截留、私分或者变相私分;财政部门不得以任何形式向作出行政处罚决定的行政机关返还罚款、没收的违法所得或者返还没收非法财物的拍卖款项。

第五十四条 行政机关应当建立健全对行政处罚的监督制度。县级以上人民政府应当加强对行政处罚的监督检查。

公民、法人或者其他组织对行政机关作出的行政处罚,有权申诉或者检举;行政机关应当认真审查,发现行政处罚有错误的,应当主动改正。

第七章 法律责任

第五十五条 行政机关实施行政处罚,有下列情形之一的,由上级行政机关或者有关部门责令改正,可以对直接负责的主管人员和其他直接责任人员依法给予行政处分：

(一)没有法定的行政处罚依据的；

(二)擅自改变行政处罚种类、幅度的；

(三)违反法定的行政处罚程序的；

(四)违反本法第十八条关于委托处罚的规定的。

第五十六条 行政机关对当事人进行处罚不使用罚款、没收财物单据或者使用非法定部门制发的罚款、没收财物单据的，当事人有权拒绝处罚，并有权予以检举。上级行政机关或者有关部门对使用的非法单据予以收缴销毁，对直接负责的主管人员和其他直接责任人员依法给予行政处分。

第五十七条 行政机关违反本法第四十六条的规定自行收缴罚款的，财政部门违反本法第五十三条的规定向行政机关返还罚款或者拍卖款项的，由上级行政机关或者有关部门责令改正，对直接负责的主管人员和其他直接责任人员依法给予行政处分。

第五十八条 行政机关将罚款、没收的违法所得或者财物截留、私分或者变相私分的，由财政部门或者有关部门予以追缴，对直接负责的主管人员和其他直接责任人员依法给予行政处分；情节严重构成犯罪的，依法追究刑事责任。

执法人员利用职务上的便利，索取或者收受他人财物、收缴罚款据为己有，构成犯罪的，依法追究刑事责任；情节轻微不构成犯罪的，依法给予行政处分。

第五十九条 行政机关使用或者损毁扣押的财物，对当事人造成损失的，应当依法予以赔偿，对直接负责的主管人员和其他直接责任人员依法给予行政处分。

第六十条 行政机关违法实行检查措施或者执行措施，给公民人身或者财产造成损害、给法人或者其他组织造成损失的，应当依法予以赔偿，对直接负责的主管人员和其他直接责任人员依法给予行政处分；情节严重构成犯罪的，依法追究刑事责任。

第六十一条 行政机关为牟取本单位私利,对应当依法移交司法机关追究刑事责任的不移交,以行政处罚代替刑罚,由上级行政机关或者有关部门责令纠正;拒不纠正的,对直接负责的主管人员给予行政处分;徇私舞弊、包庇纵容违法行为的,比照刑法第一百八十八条的规定追究刑事责任。

第六十二条 执法人员玩忽职守,对应当予以制止和处罚的违法行为不予制止、处罚,致使公民、法人或者其他组织的合法权益、公共利益和社会秩序遭受损害的,对直接负责的主管人员和其他直接责任人员依法给予行政处分;情节严重构成犯罪的,依法追究刑事责任。

第八章 附 则

第六十三条 本法第四十六条罚款决定与罚款收缴分离的规定,由国务院制定具体实施办法。

第六十四条 本法自 1996 年 10 月 1 日起施行。

本法公布前制定的法规和规章关于行政处罚的规定与本法不符合的,应当自本法公布之日起,依照本法规定予以修订,在 1997 年 12 月 31 日前修订完毕。

附录 3

中华人民共和国行政复议法

(1999 年 4 月 29 日第九届全国人民代表大会常务委员会第九次会议通过)

第一章　总　则

第一条　为了防止和纠正违法的或者不当的具体行政行为,保护公民、法人和其他组织的合法权益,保障和监督行政机关依法行使职权,根据宪法,制定本法。

第二条　公民、法人或者其他组织认为具体行政行为侵犯其合法权益,向行政机关提出行政复议申请,行政机关受理行政复议申请、作出行政复议决定,适用本法。

第三条　依照本法履行行政复议职责的行政机关是行政复议机关。行政复议机关负责法制工作的机构具体办理行政复议事项,履行下列职责:

(一)受理行政复议申请;

(二)向有关组织和人员调查取证,查阅文件和资料;

(三)审查申请行政复议的具体行政行为是否合法与适当,拟订行政复议决定;

(四)处理或者转送对本法第七条所列有关规定的审查申请;

(五)对行政机关违反本法规定的行为依照规定的权限和程序提出处理建议;

(六)办理因不服行政复议决定提起行政诉讼的应诉事项;

(七)法律、法规规定的其他职责。

第四条 行政复议机关履行行政复议职责,应当遵循合法、公正、公开、及时、便民的原则,坚持有错必纠,保障法律、法规的正确实施。

第五条 公民、法人或者其他组织对行政复议决定不服的,可以依照行政诉讼法的规定向人民法院提起行政诉讼,但是法律规定行政复议决定为最终裁决的除外。

第二章 行政复议范围

第六条 有下列情形之一的,公民、法人或者其他组织可以依照本法申请行政复议:

(一)对行政机关作出的警告、罚款、没收违法所得、没收非法财物、责令停产停业、暂扣或者吊销许可证、暂扣或者吊销执照、行政拘留等行政处罚决定不服的;

(二)对行政机关作出的限制人身自由或者查封、扣押、冻结财产等行政强制措施决定不服的;

(三)对行政机关作出的有关许可证、执照、资质证、资格证等证书变更、中止、撤销的决定不服的;

(四)对行政机关作出的关于确认土地、矿藏、水流、森林、山岭、草原、荒地、滩涂、海域等自然资源的所有权或者使用权的决定不服的;

(五)认为行政机关侵犯合法的经营自主权的;

(六)认为行政机关变更或者废止农业承包合同,侵犯其合法权益的;

(七)认为行政机关违法集资、征收财物、摊派费用或者违法要求履行其他义务的;

(八)认为符合法定条件,申请行政机关颁发许可证、执照、资质证、资格证等证书,或者申请行政机关审批、登记有关事项,行政机关没有依法办理的;

（九）申请行政机关履行保护人身权利、财产权利、受教育权利的法定职责，行政机关没有依法履行的；

（十）申请行政机关依法发放抚恤金、社会保险金或者最低生活保障费，行政机关没有依法发放的；

（十一）认为行政机关的其他具体行政行为侵犯其合法权益的。

第七条 公民、法人或者其他组织认为行政机关的具体行政行为所依据的下列规定不合法，在对具体行政行为申请行政复议时，可以一并向行政复议机关提出对该规定的审查申请：

（一）国务院部门的规定；

（二）县级以上地方各级人民政府及其工作部门的规定；

（三）乡、镇人民政府的规定。

前款所列规定不含国务院部、委员会规章和地方人民政府规章。规章的审查依照法律、行政法规办理。

第八条 不服行政机关作出的行政处分或者其他人事处理决定的，依照有关法律、行政法规的规定提出申诉。

不服行政机关对民事纠纷作出的调解或者其他处理，依法申请仲裁或者向人民法院提起诉讼。

第三章 行政复议申请

第九条 公民、法人或者其他组织认为具体行政行为侵犯其合法权益的，可以自知道该具体行政行为之日起六十日内提出行政复议申请；但是法律规定的申请期限超过六十日的除外。

因不可抗力或者其他正当理由耽误法定申请期限的，申请期限自障碍消除之日起继续计算。

第十条 依照本法申请行政复议的公民、法人或者其他组织是申请人。

有权申请行政复议的公民死亡的，其近亲属可以申请行政复议。有权申请行政复议的公民为无民事行为能力人或者限制民事行为能力人的,其法定代理人可以代为申请行政复议。有权申请行政复议的法人或者其他组织终止的,承受其权利的法人或者其他组织可以申请行政复议。

同申请行政复议的具体行政行为有利害关系的其他公民、法人或者其他组织,可以作为第三人参加行政复议。

公民、法人或者其他组织对行政机关的具体行政行为不服申请行政复议的,作出具体行政行为的行政机关是被申请人。

申请人、第三人可以委托代理人代为参加行政复议。

第十一条 申请人申请行政复议,可以书面申请,也可以口头申请;口头申请的,行政复议机关应当当场记录申请人的基本情况、行政复议请求、申请行政复议的主要事实、理由和时间。

第十二条 对县级以上地方各级人民政府工作部门的具体行政行为不服的,由申请人选择,可以向该部门的本级人民政府申请行政复议,也可以向上一级主管部门申请行政复议。

对海关、金融、国税、外汇管理等实行垂直领导的行政机关和国家安全机关的具体行政行为不服的,向上一级主管部门申请行政复议。

第十三条 对地方各级人民政府的具体行政行为不服的,向上一级地方人民政府申请行政复议。

对省、自治区人民政府依法设立的派出机关所属的县级地方人民政府的具体行政行为不服的,向该派出机关申请行政复议。

第十四条 对国务院部门或者省、自治区、直辖市人民政府的具体行政行为不服的,向作出该具体行政行为的国务院部门或者省、自治区、直辖市人民政府申请行政复议。对行政复议决定不服的,可以向人民法院提起行政诉讼;也可以向国务院申请裁决,国务院依照本法的规定作出最终裁决。

第十五条 对本法第十二条、第十三条、第十四条规定以外的其他行政机关、组织的具体行政行为不服的,按照下列规定申请行政复议：

（一）对县级以上地方人民政府依法设立的派出机关的具体行政行为不服的，向设立该派出机关的人民政府申请行政复议；

（二）对政府工作部门依法设立的派出机构依照法律、法规或者规章规定，以自己的名义作出的具体行政行为不服的，向设立该派出机构的部门或者该部门的本级地方人民政府申请行政复议；

（三）对法律、法规授权的组织的具体行政行为不服的，分别向直接管理该组织的地方人民政府、地方人民政府工作部门或者国务院部门申请行政复议；

（四）对两个或者两个以上行政机关以共同的名义作出的具体行政行为不服的，向其共同上一级行政机关申请行政复议；

（五）对被撤销的行政机关在撤销前所作出的具体行政行为不服的，向继续行使其职权的行政机关的上一级行政机关申请行政复议。

有前款所列情形之一的，申请人也可以向具体行政行为发生地的县级地方人民政府提出行政复议申请，由接受申请的县级地方人民政府依照本法第十八条的规定办理。

第十六条 公民、法人或者其他组织申请行政复议，行政复议机关已经依法受理的，或者法律、法规规定应当先向行政复议机关申请行政复议、对行政复议决定不服再向人民法院提起行政诉讼的，在法定行政复议期限内不得向人民法院提起行政诉讼。

公民、法人或者其他组织向人民法院提起行政诉讼，人民法院已经依法受理的，不得申请行政复议。

第四章 行政复议受理

第十七条 行政复议机关收到行政复议申请后，应当在五日内进行审查，对不符合本法规定的行政复议申请，决定不予受理,并书面告知申请人;对符合本法规定,但是不属于本机关受理的行政复议申请,应当告知申请人向有关行政复议机关提出。

除前款规定外,行政复议申请自行政复议机关负责法制工作的机构收到之日起即为受理。

第十八条 依照本法第十五条第二款的规定接受行政复议申请的县级地方人民政府,对依照本法第十五条第一款的规定属于其他行政复议机关受理的行政复议申请,应当自接到该行政复议申请之日起七日内,转送有关行政复议机关,并告知申请人。接受转送的行政复议机关应当依照本法第十七条的规定办理。

第十九条 法律、法规规定应当先向行政复议机关申请行政复议、对行政复议决定不服再向人民法院提起行政诉讼的,行政复议机关决定不予受理或者受理后超过行政复议期限不作答复的,公民、法人或者其他组织可以自收到不予受理决定书之日起或者行政复议期满之日起十五日内,依法向人民法院提起行政诉讼。

第二十条 公民、法人或者其他组织依法提出行政复议申请,行政复议机关无正当理由不予受理的,上级行政机关应当责令其受理;必要时,上级行政机关也可以直接受理。

第二十一条 行政复议期间具体行政行为不停止执行;但是,有下列情形之一的,可以停止执行:

(一)被申请人认为需要停止执行的;

(二)行政复议机关认为需要停止执行的;

(三)申请人申请停止执行,行政复议机关认为其要求合理,决定停止执行的;

(四)法律规定停止执行的。

第五章 行政复议决定

第二十二条 行政复议原则上采取书面审查的办法,但是申请人提出要求或者行政复议机关负责法制工作的机构认为有必要时，可以向有关组织和人员调查情况，听取申请人、被申请人和第三人的意见。

第二十三条 行政复议机关负责法制工作的机构应当自行政复议申请受理之日起七日内，将行政复议申请书副本或者行政复议申请笔录复印件发送被申请人。被申请人应当自收到申请书副本或者申请笔录复印件之日起十日内，提出书面答复，并提交当初作出具体行政行为的证据、依据和其他有关材料。

申请人、第三人可以查阅被申请人提出的书面答复、作出具体行政行为的证据、依据和其他有关材料，除涉及国家秘密、商业秘密或者个人隐私外，行政复议机关不得拒绝。

第二十四条 在行政复议过程中，被申请人不得自行向申请人和其他有关组织或者个人收集证据。

第二十五条 行政复议决定作出前，申请人要求撤回行政复议申请的，经说明理由，可以撤回；撤回行政复议申请的，行政复议终止。

第二十六条 申请人在申请行政复议时，一并提出对本法第七条所列有关规定的审查申请的，行政复议机关对该规定有权处理的，应当在三十日内依法处理；无权处理的，应当在七日内按照法定程序转送有权处理的行政机关依法处理，有权处理的行政机关应当在六十日内依法处理。处理期间，中止对具体行政行为的审查。

第二十七条 行政复议机关在对被申请人作出的具体行政行为进行审查时，认为其依据不合法，本机关有权处理的，应当在三十日内依法处理；无权处理的，应当在七日内按照法定程序转送有权处理的国家机关依法处理。处理期间，中止对具体行政行为的审查。

第二十八条 行政复议机关负责法制工作的机构应当对被申请人作出的具体行政行为进行审查，提出意见，经行政复议机关的负责人同意或者集体讨论通过后，按照下列规定作出行政复议决定：

（一）具体行政行为认定事实清楚，证据确凿，适用依据正确，程序合法，内容适当的，决定维持；

（二）被申请人不履行法定职责的，决定其在一定期限内履行；

（三）具体行政行为有下列情形之一的，决定撤销、变更或者确认该具体行政行为违法；决定撤销或者确认该具体行政行为违法的，可以责令被申请人在一定期限内重新作出具体行政行为：

1. 主要事实不清、证据不足的；

2. 适用依据错误的；

3. 违反法定程序的；

4. 超越或者滥用职权的；

5. 具体行政行为明显不当的。

（四）被申请人不按照本法第二十三条的规定提出书面答复、提交当初作出具体行政行为的证据、依据和其他有关材料的，视为该具体行政行为没有证据、依据，决定撤销该具体行政行为。

行政复议机关责令被申请人重新作出具体行政行为的，被申请人不得以同一的事实和理由作出与原具体行政行为相同或者基本相同的具体行政行为。

第二十九条　申请人在申请行政复议时可以一并提出行政赔偿请求，行政复议机关对符合国家赔偿法的有关规定应当给予赔偿的，在决定撤销、变更具体行政行为或者确认具体行政行为违法时，应当同时决定被申请人依法给予赔偿。

申请人在申请行政复议时没有提出行政赔偿请求的，行政复议机关在依法决定撤销或者变更罚款，撤销违法集资、没收财物、征收财物、摊派费用以及对财产的查封、扣押、冻结等具体行政行为时，应当同时责令被申请人返还财产，解除对财产的查封、扣押、冻结措施，或者赔偿相应的价款。

第三十条 公民、法人或者其他组织认为行政机关的具体行政行为侵犯其已经依法取得的土地、矿藏、水流、森林、山岭、草原、荒地、滩涂、海域等自然资源的所有权或者使用权的，应当先申请行政复议；对行政复议决定不服的，可以依法向人民法院提起行政诉讼。

根据国务院或者省、自治区、直辖市人民政府对行政区划的勘定、调整或者征用土地的决定，省、自治区、直辖市人民政府确认土地、矿藏、水流、森林、山岭、草原、荒地、滩涂、海域等自然资源的所有权或者使用权的行政复议决定为最终裁决。

第三十一条 行政复议机关应当自受理申请之日起六十日内作出行政复议决定；但是法律规定的行政复议期限少于六十日的除外。情况复杂，不能在规定期限内作出行政复议决定的，经行政复议机关的负责人批准，可以适当延长，并告知申请人和被申请人；但是延长期限最多不超过三十日。

行政复议机关作出行政复议决定，应当制作行政复议决定书，并加盖印章。

行政复议决定书一经送达，即发生法律效力。

第三十二条 被申请人应当履行行政复议决定。

被申请人不履行或者无正当理由拖延履行行政复议决定的，行政复议机关或者有关上级行政机关应当责令其限期履行。

第三十三条 申请人逾期不起诉又不履行行政复议决定的，或者不履行最终裁决的行政复议决定的，按照下列规定分别处理：

（一）维持具体行政行为的行政复议决定，由作出具体行政行为的行政机关依法强制执行，或者申请人民法院强制执行；

（二）变更具体行政行为的行政复议决定，由行政复议机关依法强制执行，或者申请人民法院强制执行。

第六章　法律责任

第三十四条　行政复议机关违反本法规定，无正当理由不予受理依法提出的行政复议申请或者不按照规定转送行政复议申请的，或者在法定期限内不作出行政复议决定的，对直接负责的主管人员和其他直接责任人员依法给予警告、记过、记大过的行政处分；经责令受理仍不受理或者不按照规定转送行政复议申请，造成严重后果的，依法给予降级、撤职、开除的行政处分。

第三十五条　行政复议机关工作人员在行政复议活动中，徇私舞弊或者有其他渎职、失职行为的，依法给予警告、记过、记大过的行政处分；情节严重的，依法给予降级、撤职、开除的行政处分；构成犯罪的，依法追究刑事责任。

第三十六条　被申请人违反本法规定，不提出书面答复或者不提交作出具体行政行为的证据、依据和其他有关材料，或者阻挠、变相阻挠公民、法人或者其他组织依法申请行政复议的，对直接负责的主管人员和其他直接责任人员依法给予警告、记过、记大过的行政处分；进行报复陷害的，依法给予降级、撤职、开除的行政处分；构成犯罪的，依法追究刑事责任。

第三十七条　被申请人不履行或者无正当理由拖延履行行政复议决定的，对直接负责的主管人员和其他直接责任人员依法给予警告、记过、记大过的行政处分；经责令履行仍拒不履行的，依法给予降级、撤职、开除的行政处分。

第三十八条　行政复议机关负责法制工作的机构发现有无正当理由不予受理行政复议申请、不按照规定期限作出行政复议决定、徇私舞弊、对申请人打击报复或者不履行行政复议决定等情形的，应当向有关行政机关提出建议，有关行政机关应当依照本法和有关法律、行政法规的规定作出处理。

第七章　附　　则

第三十九条　行政复议机关受理行政复议申请,不得向申请人收取任何费用。行政复议活动所需经费,应当列入本机关的行政经费,由本级财政予以保障。

第四十条　行政复议期间的计算和行政复议文书的送达,依照民事诉讼法关于期间、送达的规定执行。

本法关于行政复议期间有关“五日”、“七日”的规定是指工作日,不含节假日。

第四十一条　外国人、无国籍人、外国组织在中华人民共和国境内申请行政复议,适用本法。

第四十二条　本法施行前公布的法律有关行政复议的规定与本法的规定不一致的,以本法的规定为准。

第四十三条　本法自1999年10月1日起施行。1990年12月24日国务院发布、1994年10月9日国务院修订发布的《行政复议条例》同时废止。

附录 4

中华人民共和国行政许可法

（2003 年 8 月 27 日第十届全国人民代表大会常务委员会第四次会议通过）

第一章　总　则

第一条　为了规范行政许可的设定和实施，保护公民、法人和其他组织的合法权益，维护公共利益和社会秩序，保障和监督行政机关有效实施行政管理，根据宪法，制定本法。

第二条　本法所称行政许可，是指行政机关根据公民、法人或者其他组织的申请，经依法审查，准予其从事特定活动的行为。

第三条　行政许可的设定和实施，适用本法。

有关行政机关对其他机关或者对其直接管理的事业单位的人事、财务、外事等事项的审批，不适用本法。

第四条　设定和实施行政许可，应当依照法定的权限、范围、条件和程序。

第五条　设定和实施行政许可，应当遵循公开、公平、公正的原则。

有关行政许可的规定应当公布；未经公布的，不得作为实施行政许可的依据。行政许可的实施和结果，除涉及国家秘密、商业秘密或者个人隐私的外，应当公开。

符合法定条件、标准的，申请人有依法取得行政许可的平等权利，行政机关不得歧视。

第六条 实施行政许可,应当遵循便民的原则,提高办事效率,提供优质服务。

第七条 公民、法人或者其他组织对行政机关实施行政许可,享有陈述权、申辩权;有权依法申请行政复议或者提起行政诉讼;其合法权益因行政机关违法实施行政许可受到损害的,有权依法要求赔偿。

第八条 公民、法人或者其他组织依法取得的行政许可受法律保护,行政机关不得擅自改变已经生效的行政许可。

行政许可所依据的法律、法规、规章修改或者废止,或者准予行政许可所依据的客观情况发生重大变化的,为了公共利益的需要,行政机关可以依法变更或者撤回已经生效的行政许可。由此给公民、法人或者其他组织造成财产损失的,行政机关应当依法给予补偿。

第九条 依法取得的行政许可,除法律、法规规定依照法定条件和程序可以转让的外,不得转让。

第十条 县级以上人民政府应当建立健全对行政机关实施行政许可的监督制度,加强对行政机关实施行政许可的监督检查。

行政机关应当对公民、法人或者其他组织从事行政许可事项的活动实施有效监督。

第二章　行政许可的设定

第十一条 设定行政许可,应当遵循经济和社会发展规律,有利于发挥公民、法人或者其他组织的积极性、主动性,维护公共利益和社会秩序,促进经济、社会和生态环境协调发展。

第十二条 下列事项可以设定行政许可:

(一)直接涉及国家安全、公共安全、经济宏观调控、生态环境保护以及直接关系人身健康、生命财产安全等特定活动,需要按照法定条件予以批准的事项;

（二）有限自然资源开发利用、公共资源配置以及直接关系公共利益的特定行业的市场准入等，需要赋予特定权利的事项；

（三）提供公众服务并且直接关系公共利益的职业、行业，需要确定具备特殊信誉、特殊条件或者特殊技能等资格、资质的事项；

（四）直接关系公共安全、人身健康、生命财产安全的重要设备、设施、产品、物品，需要按照技术标准、技术规范，通过检验、检测、检疫等方式进行审定的事项；

（五）企业或者其他组织的设立等，需要确定主体资格的事项；

（六）法律、行政法规规定可以设定行政许可的其他事项。

第十三条 本法第十二条所列事项，通过下列方式能够予以规范的，可以不设行政许可：

（一）公民、法人或者其他组织能够自主决定的；

（二）市场竞争机制能够有效调节的；

（三）行业组织或者中介机构能够自律管理的；

（四）行政机关采用事后监督等其他行政管理方式能够解决的。

第十四条 本法第十二条所列事项，法律可以设定行政许可。尚未制定法律的，行政法规可以设定行政许可。

必要时，国务院可以采用发布决定的方式设定行政许可。实施后，除临时性行政许可事项外，国务院应当及时提请全国人民代表大会及其常务委员会制定法律，或者自行制定行政法规。

第十五条 本法第十二条所列事项，尚未制定法律、行政法规的，地方性法规可以设定行政许可；尚未制定法律、行政法规和地方性法规的，因行政管理的需要，确需立即实施行政许可的，省、自治区、直辖市人民政府规章可以设定临时性的行政许可。临时性的行政许可实施满一年需要继续实施的，应当提请本级人民代表大会及其常务委员会制定地方性法规。

地方性法规和省、自治区、直辖市人民政府规章，不得设定应当由国家统一确定的公民、法人或者其他组织的资格、资质的行政许可；不得设定企业或者其他组织的设立登记及其前置性行政许可。其设定的行政许可，不得限制其他地区的个人或者企业到本地区从事生产经营和提供服务，不得限制其他地区的商品进入本地区市场。

第十六条 行政法规可以在法律设定的行政许可事项范围内，对实施该行政许可作出具体规定。

地方性法规可以在法律、行政法规设定的行政许可事项范围内，对实施该行政许可作出具体规定。

规章可以在上位法设定的行政许可事项范围内，对实施该行政许可作出具体规定。

法规、规章对实施上位法设定的行政许可作出的具体规定，不得增设行政许可；对行政许可条件作出的具体规定，不得增设违反上位法的其他条件。

第十七条 除本法第十四条、第十五条规定的外，其他规范性文件一律不得设定行政许可。

第十八条 设定行政许可，应当规定行政许可的实施机关、条件、程序、期限。

第十九条 起草法律草案、法规草案和省、自治区、直辖市人民政府规章草案，拟设定行政许可的，起草单位应当采取听证会、论证会等形式听取意见，并向制定机关说明设定该行政许可的必要性、对经济和社会可能产生的影响以及听取和采纳意见的情况。

第二十条 行政许可的设定机关应当定期对其设定的行政许可进行评价；对已设定的行政许可，认为通过本法第十三条所列方式能够解决的，应当对设定该行政许可的规定及时予以修改或者废止。

行政许可的实施机关可以对已设定的行政许可的实施情况

及存在的必要性适时进行评价，并将意见报告该行政许可的设定机关。

公民、法人或者其他组织可以向行政许可的设定机关和实施机关就行政许可的设定和实施提出意见和建议。

第二十一条 省、自治区、直辖市人民政府对行政法规设定的有关经济事务的行政许可，根据本行政区域经济和社会发展情况，认为通过本法第十三条所列方式能够解决的，报国务院批准后，可以在本行政区域内停止实施该行政许可。

第三章 行政许可的实施机关

第二十二条 行政许可由具有行政许可权的行政机关在其法定职权范围内实施。

第二十三条 法律、法规授权的具有管理公共事务职能的组织，在法定授权范围内，以自己的名义实施行政许可。被授权的组织适用本法有关行政机关的规定。

第二十四条 行政机关在其法定职权范围内，依照法律、法规、规章的规定，可以委托其他行政机关实施行政许可。委托机关应当将受委托行政机关和受委托实施行政许可的内容予以公告。

委托行政机关对受委托行政机关实施行政许可的行为应当负责监督，并对该行为的后果承担法律责任。

受委托行政机关在委托范围内，以委托行政机关名义实施行政许可；不得再委托其他组织或者个人实施行政许可。

第二十五条 经国务院批准，省、自治区、直辖市人民政府根据精简、统一、效能的原则，可以决定一个行政机关行使有关行政机关的行政许可权。

第二十六条 行政许可需要行政机关内设的多个机构办理的，该行政机关应当确定一个机构统一受理行政许可申请，统一送达行政许可决定。

行政许可依法由地方人民政府两个以上部门分别实施的,本级人民政府可以确定一个部门受理行政许可申请并转告有关部门分别提出意见后统一办理,或者组织有关部门联合办理、集中办理。

第二十七条 行政机关实施行政许可,不得向申请人提出购买指定商品、接受有偿服务等不正当要求。

行政机关工作人员办理行政许可,不得索取或者收受申请人的财物,不得谋取其他利益。

第二十八条 对直接关系公共安全、人身健康、生命财产安全的设备、设施、产品、物品的检验、检测、检疫,除法律、行政法规规定由行政机关实施的外,应当逐步由符合法定条件的专业技术组织实施。专业技术组织及其有关人员对所实施的检验、检测、检疫结论承担法律责任。

第四章 行政许可的实施程序

第一节 申请与受理

第二十九条 公民、法人或者其他组织从事特定活动,依法需要取得行政许可的,应当向行政机关提出申请。申请书需要采用格式文本的,行政机关应当向申请人提供行政许可申请书格式文本。申请书格式文本中不得包含与申请行政许可事项没有直接关系的内容。

申请人可以委托代理人提出行政许可申请。但是,依法应当由申请人到行政机关办公场所提出行政许可申请的除外。

行政许可申请可以通过信函、电报、电传、传真、电子数据交换和电子邮件等方式提出。

第三十条 行政机关应当将法律、法规、规章规定的有关行政许可的事项、依据、条件、数量、程序、期限以及需要提交的全部材料的目录和申请书示范文本等在办公场所公示。

申请人要求行政机关对公示内容予以说明、解释的,行政机关应当说明、解释,提供准确、可靠的信息。

第三十一条 申请人申请行政许可,应当如实向行政机关提交有关材料和反映真实情况,并对其申请材料实质内容的真实性负责。行政机关不得要求申请人提交与其申请的行政许可事项无关的技术资料和其他材料。

第三十二条 行政机关对申请人提出的行政许可申请,应当根据下列情况分别作出处理:

(一)申请事项依法不需要取得行政许可的,应当即时告知申请人不受理;

(二)申请事项依法不属于本行政机关职权范围的,应当即时作出不予受理的决定,并告知申请人向有关行政机关申请;

(三)申请材料存在可以当场更正的错误的,应当允许申请人当场更正;

(四)申请材料不齐全或者不符合法定形式的,应当当场或者在五日内一次告知申请人需要补正的全部内容,逾期不告知的,自收到申请材料之日起即为受理;

(五)申请事项属于本行政机关职权范围,申请材料齐全、符合法定形式,或者申请人按照本行政机关的要求提交全部补正申请材料的,应当受理行政许可申请。

行政机关受理或者不予受理行政许可申请,应当出具加盖本行政机关专用印章和注明日期的书面凭证。

第三十三条 行政机关应当建立和完善有关制度,推行电子政务,在行政机关的网站上公布行政许可事项,方便申请人采取数据电文等方式提出行政许可申请;应当与其他行政机关共享有关行政许可信息,提高办事效率。

第二节 审查与决定

第三十四条 行政机关应当对申请人提交的申请材料进行审查。

申请人提交的申请材料齐全、符合法定形式，行政机关能够当场作出决定的，应当当场作出书面的行政许可决定。

根据法定条件和程序，需要对申请材料的实质内容进行核实的，行政机关应当指派两名以上工作人员进行核查。

第三十五条　依法应当先经下级行政机关审查后报上级行政机关决定的行政许可，下级行政机关应当在法定期限内将初步审查意见和全部申请材料直接报送上级行政机关。上级行政机关不得要求申请人重复提供申请材料。

第三十六条　行政机关对行政许可申请进行审查时，发现行政许可事项直接关系他人重大利益的，应当告知该利害关系人。申请人、利害关系人有权进行陈述和申辩。行政机关应当听取申请人、利害关系人的意见。

第三十七条　行政机关对行政许可申请进行审查后，除当场作出行政许可决定的外，应当在法定期限内按照规定程序作出行政许可决定。

第三十八条　申请人的申请符合法定条件、标准的，行政机关应当依法作出准予行政许可的书面决定。

行政机关依法作出不予行政许可的书面决定的，应当说明理由，并告知申请人享有依法申请行政复议或者提起行政诉讼的权利。

第三十九条　行政机关作出准予行政许可的决定，需要颁发行政许可证件的，应当向申请人颁发加盖本行政机关印章的下列行政许可证件：

（一）许可证、执照或者其他许可证书；

（二）资格证、资质证或者其他合格证书；

（三）行政机关的批准文件或者证明文件；

（四）法律、法规规定的其他行政许可证件。

行政机关实施检验、检测、检疫的，可以在检验、检测、检疫合格的设备、设施、产品、物品上加贴标签或者加盖检验、检测、检疫印章。

第四十条 行政机关作出的准予行政许可决定，应当予以公开，公众有权查阅。

第四十一条 法律、行政法规设定的行政许可，其适用范围没有地域限制的，申请人取得的行政许可在全国范围内有效。

第三节 期 限

第四十二条 除可以当场作出行政许可决定的外，行政机关应当自受理行政许可申请之日起二十日内作出行政许可决定。二十日内不能作出决定的，经本行政机关负责人批准，可以延长十日，并应当将延长期限的理由告知申请人。但是，法律、法规另有规定的，依照其规定。

依照本法第二十六条的规定，行政许可采取统一办理或者联合办理、集中办理的，办理的时间不得超过四十五日；四十五日内不能办结的，经本级人民政府负责人批准，可以延长十五日，并应当将延长期限的理由告知申请人。

第四十三条 依法应当先经下级行政机关审查后报上级行政机关决定的行政许可，下级行政机关应当自其受理行政许可申请之日起二十日内审查完毕。但是，法律、法规另有规定的，依照其规定。

第四十四条 行政机关作出准予行政许可的决定，应当自作出决定之日起十日内向申请人颁发、送达行政许可证件，或者加贴标签、加盖检验、检测、检疫印章。

第四十五条 行政机关作出行政许可决定，依法需要听证、招标、拍卖、检验、检测、检疫、鉴定和专家评审的，所需时间不计算在本节规定的期限内。行政机关应当将所需时间书面告知申请人。

第四节 听 证

第四十六条 法律、法规、规章规定实施行政许可应当听证的事项，或者行政机关认为需要听证的其他涉及公共利益的重大行政许可事项，行政机关应当向社会公告，并举行听证。

第四十七条 行政许可直接涉及申请人与他人之间重大利益关系的，行政机关在作出行政许可决定前，应当告知申请人、利害关系人享有要求听证的权利；申请人、利害关系人在被告知听证权利之日起五日内提出听证申请的，行政机关应当在二十日内组织听证。

申请人、利害关系人不承担行政机关组织听证的费用。

第四十八条 听证按照下列程序进行：

（一）行政机关应当于举行听证的七日前将举行听证的时间、地点通知申请人、利害关系人，必要时予以公告；

（二）听证应当公开举行；

（三）行政机关应当指定审查该行政许可申请的工作人员以外的人员为听证主持人，申请人、利害关系人认为主持人与该行政许可事项有直接利害关系的，有权申请回避；

（四）举行听证时，审查该行政许可申请的工作人员应当提供审查意见的证据、理由，申请人、利害关系人可以提出证据，并进行申辩和质证；

（五）听证应当制作笔录，听证笔录应当交听证参加人确认无误后签字或者盖章。

行政机关应当根据听证笔录，作出行政许可决定。

第五节 变更与延续

第四十九条 被许可人要求变更行政许可事项的，应当向作出行政许可决定的行政机关提出申请；符合法定条件、标准的，行政机关应当依法办理变更手续。

第五十条 被许可人需要延续依法取得的行政许可的有效期的，应当在该行政许可有效期届满三十日前向作出行政许可决定的行政机关提出申请。但是，法律、法规、规章另有规定的，依照其规定。

行政机关应当根据被许可人的申请,在该行政许可有效期届满前作出是否准予延续的决定;逾期未作决定的,视为准予延续。

第六节 特别规定

第五十一条 实施行政许可的程序,本节有规定的,适用本节规定;本节没有规定的,适用本章其他有关规定。

第五十二条 国务院实施行政许可的程序,适用有关法律、行政法规的规定。

第五十三条 实施本法第十二条第二项所列事项的行政许可的,行政机关应当通过招标、拍卖等公平竞争的方式作出决定。但是,法律、行政法规另有规定的,依照其规定。

行政机关通过招标、拍卖等方式作出行政许可决定的具体程序,依照有关法律、行政法规的规定。

行政机关按照招标、拍卖程序确定中标人、买受人后,应当作出准予行政许可的决定,并依法向中标人、买受人颁发行政许可证件。

行政机关违反本条规定,不采用招标、拍卖方式,或者违反招标、拍卖程序,损害申请人合法权益的,申请人可以依法申请行政复议或者提起行政诉讼。

第五十四条 实施本法第十二条第三项所列事项的行政许可,赋予公民特定资格,依法应当举行国家考试的,行政机关根据考试成绩和其他法定条件作出行政许可决定;赋予法人或者其他组织特定的资格、资质的,行政机关根据申请人的专业人员构成、技术条件、经营业绩和管理水平等的考核结果作出行政许可决定。但是,法律、行政法规另有规定的,依照其规定。

公民特定资格的考试依法由行政机关或者行业组织实施,公开举行。行政机关或者行业组织应当事先公布资格考试的报名条件、报考办法、考试科目以及考试大纲。但是,不得组织强制性的资格考试的考前培训,不得指定教材或者其他助考材料。

第五十五条 实施本法第十二条第四项所列事项的行政许可的,应当按照技术标准、技术规范依法进行检验、检测、检疫,行政机关根据检验、检测、检疫的结果作出行政许可决定。

行政机关实施检验、检测、检疫,应当自受理申请之日起五日内指派两名以上工作人员按照技术标准、技术规范进行检验、检测、检疫。不需要对检验、检测、检疫结果作进一步技术分析即可认定设备、设施、产品、物品是否符合技术标准、技术规范的,行政机关应当当场作出行政许可决定。

行政机关根据检验、检测、检疫结果,作出不予行政许可决定的,应当书面说明不予行政许可所依据的技术标准、技术规范。

第五十六条 实施本法第十二条第五项所列事项的行政许可,申请人提交的申请材料齐全、符合法定形式的,行政机关应当当场予以登记。需要对申请材料的实质内容进行核实的,行政机关依照本法第三十四条第三款的规定办理。

第五十七条 有数量限制的行政许可,两个或者两个以上申请人的申请均符合法定条件、标准的,行政机关应当根据受理行政许可申请的先后顺序作出准予行政许可的决定。但是,法律、行政法规另有规定的,依照其规定。

第五章 行政许可的费用

第五十八条 行政机关实施行政许可和对行政许可事项进行监督检查,不得收取任何费用。但是,法律、行政法规另有规定的,依照其规定。

行政机关提供行政许可申请书格式文本,不得收费。

行政机关实施行政许可所需经费应当列入本行政机关的预算,由本级财政予以保障,按照批准的预算予以核拨。

第五十九条 行政机关实施行政许可，依照法律、行政法规收取费用的，应当按照公布的法定项目和标准收费；所收取的费用必须全部上缴国库，任何机关或者个人不得以任何形式截留、挪用、私分或者变相私分。财政部门不得以任何形式向行政机关返还或者变相返还实施行政许可所收取的费用。

第六章 监督检查

第六十条 上级行政机关应当加强对下级行政机关实施行政许可的监督检查，及时纠正行政许可实施中的违法行为。

第六十一条 行政机关应当建立健全监督制度，通过核查反映被许可人从事行政许可事项活动情况的有关材料，履行监督责任。

行政机关依法对被许可人从事行政许可事项的活动进行监督检查时，应当将监督检查的情况和处理结果予以记录，由监督检查人员签字后归档。公众有权查阅行政机关监督检查记录。

行政机关应当创造条件，实现与被许可人、其他有关行政机关的计算机档案系统互联，核查被许可人从事行政许可事项活动情况。

第六十二条 行政机关可以对被许可人生产经营的产品依法进行抽样检查、检验、检测，对其生产经营场所依法进行实地检查。检查时，行政机关可以依法查阅或者要求被许可人报送有关材料；被许可人应当如实提供有关情况和材料。

行政机关根据法律、行政法规的规定，对直接关系公共安全、人身健康、生命财产安全的重要设备、设施进行定期检验。对检验合格的，行政机关应当发给相应的证明文件。

第六十三条 行政机关实施监督检查，不得妨碍被许可人正常的生产经营活动，不得索取或者收受被许可人的财物，不得谋取其他利益。

第六十四条 被许可人在作出行政许可决定的行政机关管

辖区域外违法从事行政许可事项活动的，违法行为发生地的行政机关应当依法将被许可人的违法事实、处理结果抄告作出行政许可决定的行政机关。

第六十五条　个人和组织发现违法从事行政许可事项的活动，有权向行政机关举报，行政机关应当及时核实、处理。

第六十六条　被许可人未依法履行开发利用自然资源义务或者未依法履行利用公共资源义务的，行政机关应当责令限期改正；被许可人在规定期限内不改正的，行政机关应当依照有关法律、行政法规的规定予以处理。

第六十七条　取得直接关系公共利益的特定行业的市场准入行政许可的被许可人，应当按照国家规定的服务标准、资费标准和行政机关依法规定的条件，向用户提供安全、方便、稳定和价格合理的服务，并履行普遍服务的义务；未经作出行政许可决定的行政机关批准，不得擅自停业、歇业。

被许可人不履行前款规定的义务的，行政机关应当责令限期改正，或者依法采取有效措施督促其履行义务。

第六十八条　对直接关系公共安全、人身健康、生命财产安全的重要设备、设施，行政机关应当督促设计、建造、安装和使用单位建立相应的自检制度。

行政机关在监督检查时，发现直接关系公共安全、人身健康、生命财产安全的重要设备、设施存在安全隐患的，应当责令停止建造、安装和使用，并责令设计、建造、安装和使用单位立即改正。

第六十九条　有下列情形之一的，作出行政许可决定的行政机关或者其上级行政机关，根据利害关系人的请求或者依据职权，可以撤销行政许可：

（一）行政机关工作人员滥用职权、玩忽职守作出准予行政许可决定的；

（二）超越法定职权作出准予行政许可决定的；

（三）违反法定程序作出准予行政许可决定的；

（四）对不具备申请资格或者不符合法定条件的申请人准予行政许可的；

（五）依法可以撤销行政许可的其他情形。

被许可人以欺骗、贿赂等不正当手段取得行政许可的，应当予以撤销。

依照前两款的规定撤销行政许可，可能对公共利益造成重大损害的，不予撤销。

依照本条第一款的规定撤销行政许可，被许可人的合法权益受到损害的，行政机关应当依法给予赔偿。依照本条第二款的规定撤销行政许可的，被许可人基于行政许可取得的利益不受保护。

第七十条 有下列情形之一的，行政机关应当依法办理有关行政许可的注销手续：

（一）行政许可有效期届满未延续的；

（二）赋予公民特定资格的行政许可，该公民死亡或者丧失行为能力的；

（三）法人或者其他组织依法终止的；

（四）行政许可依法被撤销、撤回，或者行政许可证件依法被吊销的；

（五）因不可抗力导致行政许可事项无法实施的；

（六）法律、法规规定的应当注销行政许可的其他情形。

第七章 法律责任

第七十一条 违反本法第十七条规定设定的行政许可，有关机关应当责令设定该行政许可的机关改正，或者依法予以撤销。

第七十二条 行政机关及其工作人员违反本法的规定，有下列情形之一的，由其上级行政机关或者监察机关责令改正；情

节严重的,对直接负责的主管人员和其他直接责任人员依法给予行政处分:

(一)对符合法定条件的行政许可申请不予受理的;

(二)不在办公场所公示依法应当公示的材料的;

(三)在受理、审查、决定行政许可过程中,未向申请人、利害关系人履行法定告知义务的;

(四)申请人提交的申请材料不齐全、不符合法定形式,不一次告知申请人必须补正的全部内容的;

(五)未依法说明不受理行政许可申请或者不予行政许可的理由的;

(六)依法应当举行听证而不举行听证的。

第七十三条 行政机关工作人员办理行政许可、实施监督检查,索取或者收受他人财物或者谋取其他利益,构成犯罪的,依法追究刑事责任;尚不构成犯罪的,依法给予行政处分。

第七十四条 行政机关实施行政许可,有下列情形之一的,由其上级行政机关或者监察机关责令改正,对直接负责的主管人员和其他直接责任人员依法给予行政处分;构成犯罪的,依法追究刑事责任:

(一)对不符合法定条件的申请人准予行政许可或者超越法定职权作出准予行政许可决定的;

(二)对符合法定条件的申请人不予行政许可或者不在法定期限内作出准予行政许可决定的;

(三)依法应当根据招标、拍卖结果或者考试成绩择优作出准予行政许可决定,未经招标、拍卖或者考试,或者不根据招标、拍卖结果或者考试成绩择优作出准予行政许可决定的。

第七十五条 行政机关实施行政许可,擅自收费或者不按照法定项目和标准收费的,由其上级行政机关或者监察机关责令退还非法收取的费用;对直接负责的主管人员和其他直接责任人员依法给予行政处分。

截留、挪用、私分或者变相私分实施行政许可依法收取的费用的，予以追缴；对直接负责的主管人员和其他直接责任人员依法给予行政处分；构成犯罪的，依法追究刑事责任。

第七十六条 行政机关违法实施行政许可，给当事人的合法权益造成损害的，应当依照国家赔偿法的规定给予赔偿。

第七十七条 行政机关不依法履行监督职责或者监督不力，造成严重后果的，由其上级行政机关或者监察机关责令改正，对直接负责的主管人员和其他直接责任人员依法给予行政处分；构成犯罪的，依法追究刑事责任。

第七十八条 行政许可申请人隐瞒有关情况或者提供虚假材料申请行政许可的，行政机关不予受理或者不予行政许可，并给予警告；行政许可申请属于直接关系公共安全、人身健康、生命财产安全事项的，申请人在一年内不得再次申请该行政许可。

第七十九条 被许可人以欺骗、贿赂等不正当手段取得行政许可的，行政机关应当依法给予行政处罚；取得的行政许可属于直接关系公共安全、人身健康、生命财产安全事项的，申请人在三年内不得再次申请该行政许可；构成犯罪的，依法追究刑事责任。

第八十条 被许可人有下列行为之一的，行政机关应当依法给予行政处罚；构成犯罪的，依法追究刑事责任：

（一）涂改、倒卖、出租、出借行政许可证件，或者以其他形式非法转让行政许可的；

（二）超越行政许可范围进行活动的；

（三）向负责监督检查的行政机关隐瞒有关情况、提供虚假材料或者拒绝提供反映其活动情况的真实材料的；

（四）法律、法规、规章规定的其他违法行为。

第八十一条 公民、法人或者其他组织未经行政许可，擅自从事依法应当取得行政许可的活动的，行政机关应当依法采取

措施予以制止,并依法给予行政处罚;构成犯罪的,依法追究刑事责任。

第八章　附　　则

第八十二条　本法规定的行政机关实施行政许可的期限以工作日计算,不含法定节假日。

第八十三条　本法自 2004 年 7 月 1 日起施行。

本法施行前有关行政许可的规定,制定机关应当依照本法规定予以清理;不符合本法规定的,自本法施行之日起停止执行。

附录 5

中华人民共和国行政强制法

（2011 年 6 月 30 日第十一届全国人民代表大会常务委员会第二十一次会议通过）

第一章　总　　则

第一条　为了规范行政强制的设定和实施，保障和监督行政机关依法履行职责，维护公共利益和社会秩序，保护公民、法人和其他组织的合法权益，根据宪法，制定本法。

第二条　本法所称行政强制，包括行政强制措施和行政强制执行。

行政强制措施，是指行政机关在行政管理过程中，为制止违法行为、防止证据损毁、避免危害发生、控制危险扩大等情形，依法对公民的人身自由实施暂时性限制，或者对公民、法人或者其他组织的财物实施暂时性控制的行为。

行政强制执行，是指行政机关或者行政机关申请人民法院，对不履行行政决定的公民、法人或者其他组织，依法强制履行义务的行为。

第三条　行政强制的设定和实施，适用本法。

发生或者即将发生自然灾害、事故灾难、公共卫生事件或者社会安全事件等突发事件，行政机关采取应急措施或者临时措施，依照有关法律、行政法规的规定执行。

行政机关采取金融业审慎监管措施、进出境货物强制性技术监控措施,依照有关法律、行政法规的规定执行。

第四条　行政强制的设定和实施,应当依照法定的权限、范围、条件和程序。

第五条　行政强制的设定和实施,应当适当。采用非强制手段可以达到行政管理目的的,不得设定和实施行政强制。

第六条　实施行政强制,应当坚持教育与强制相结合。

第七条　行政机关及其工作人员不得利用行政强制权为单位或者个人谋取利益。

第八条　公民、法人或者其他组织对行政机关实施行政强制,享有陈述权、申辩权;有权依法申请行政复议或者提起行政诉讼;因行政机关违法实施行政强制受到损害的,有权依法要求赔偿。

公民、法人或者其他组织因人民法院在强制执行中有违法行为或者扩大强制执行范围受到损害的,有权依法要求赔偿。

第二章　行政强制的种类和设定

第九条　行政强制措施的种类:

(一)限制公民人身自由;

(二)查封场所、设施或者财物;

(三)扣押财物;

(四)冻结存款、汇款;

(五)其他行政强制措施。

第十条　行政强制措施由法律设定。

尚未制定法律,且属于国务院行政管理职权事项的,行政法规可以设定除本法第九条第一项、第四项和应当由法律规定的行政强制措施以外的其他行政强制措施。

尚未制定法律、行政法规,且属于地方性事务的,地方性法规可以设定本法第九条第二项、第三项的行政强制措施。

法律、法规以外的其他规范性文件不得设定行政强制措施。

第十一条　法律对行政强制措施的对象、条件、种类作了规定的,行政法规、地方性法规不得作出扩大规定。

法律中未设定行政强制措施的,行政法规、地方性法规不得设定行政强制措施。但是,法律规定特定事项由行政法规规定具体管理措施的,行政法规可以设定除本法第九条第一项、第四项和应当由法律规定的行政强制措施以外的其他行政强制措施。

第十二条 行政强制执行的方式:

(一)加处罚款或者滞纳金;

(二)划拨存款、汇款;

(三)拍卖或者依法处理查封、扣押的场所、设施或者财物;

(四)排除妨碍、恢复原状;

(五)代履行;

(六)其他强制执行方式。

第十三条 行政强制执行由法律设定。

法律没有规定行政机关强制执行的,作出行政决定的行政机关应当申请人民法院强制执行。

第十四条 起草法律草案、法规草案,拟设定行政强制的,起草单位应当采取听证会、论证会等形式听取意见,并向制定机关说明设定该行政强制的必要性、可能产生的影响以及听取和采纳意见的情况。

第十五条 行政强制的设定机关应当定期对其设定的行政强制进行评价,并对不适当的行政强制及时予以修改或者废止。

行政强制的实施机关可以对已设定的行政强制的实施情况及存在的必要性适时进行评价,并将意见报告该行政强制的设定机关。

公民、法人或者其他组织可以向行政强制的设定机关和实施机关就行政强制的设定和实施提出意见和建议。有关机关应当认真研究论证,并以适当方式予以反馈。

第三章　行政强制措施实施程序

第一节　一般规定

第十六条　行政机关履行行政管理职责，依照法律、法规的规定，实施行政强制措施。

违法行为情节显著轻微或者没有明显社会危害的，可以不采取行政强制措施。

第十七条　行政强制措施由法律、法规规定的行政机关在法定职权范围内实施。行政强制措施权不得委托。

依据《中华人民共和国行政处罚法》的规定行使相对集中行政处罚权的行政机关，可以实施法律、法规规定的与行政处罚权有关的行政强制措施。

行政强制措施应当由行政机关具备资格的行政执法人员实施，其他人员不得实施。

第十八条　行政机关实施行政强制措施应当遵守下列规定：

（一）实施前须向行政机关负责人报告并经批准；

（二）由两名以上行政执法人员实施；

（三）出示执法身份证件；

（四）通知当事人到场；

（五）当场告知当事人采取行政强制措施的理由、依据以及当事人依法享有的权利、救济途径；

（六）听取当事人的陈述和申辩；

（七）制作现场笔录；

（八）现场笔录由当事人和行政执法人员签名或者盖章，当事人拒绝的，在笔录中予以注明；

（九）当事人不到场的，邀请见证人到场，由见证人和行政执法人员在现场笔录上签名或者盖章；

（十）法律、法规规定的其他程序。

第十九条 情况紧急，需要当场实施行政强制措施的，行政执法人员应当在二十四小时内向行政机关负责人报告，并补办批准手续。行政机关负责人认为不应当采取行政强制措施的，应当立即解除。

第二十条 依照法律规定实施限制公民人身自由的行政强制措施，除应当履行本法第十八条规定的程序外，还应当遵守下列规定：

（一）当场告知或者实施行政强制措施后立即通知当事人家属实施行政强制措施的行政机关、地点和期限；

（二）在紧急情况下当场实施行政强制措施的，在返回行政机关后，立即向行政机关负责人报告并补办批准手续；

（三）法律规定的其他程序。

实施限制人身自由的行政强制措施不得超过法定期限。实施行政强制措施的目的已经达到或者条件已经消失，应当立即解除。

第二十一条 违法行为涉嫌犯罪应当移送司法机关的，行政机关应当将查封、扣押、冻结的财物一并移送，并书面告知当事人。

第二节 查封、扣押

第二十二条 查封、扣押应当由法律、法规规定的行政机关实施，其他任何行政机关或者组织不得实施。

第二十三条 查封、扣押限于涉案的场所、设施或者财物，不得查封、扣押与违法行为无关的场所、设施或者财物；不得查封、扣押公民个人及其所扶养家属的生活必需品。

当事人的场所、设施或者财物已被其他国家机关依法查封的，不得重复查封。

第二十四条 行政机关决定实施查封、扣押的，应当履行本法第十八条规定的程序，制作并当场交付查封、扣押决定书和清单。

查封、扣押决定书应当载明下列事项：

（一）当事人的姓名或者名称、地址；

（二）查封、扣押的理由、依据和期限；

（三）查封、扣押场所、设施或者财物的名称、数量等；

（四）申请行政复议或者提起行政诉讼的途径和期限；

（五）行政机关的名称、印章和日期。

查封、扣押清单一式二份，由当事人和行政机关分别保存。

第二十五条 查封、扣押的期限不得超过三十日；情况复杂的，经行政机关负责人批准，可以延长，但是延长期限不得超过三十日。法律、行政法规另有规定的除外。

延长查封、扣押的决定应当及时书面告知当事人，并说明理由。

对物品需要进行检测、检验、检疫或者技术鉴定的，查封、扣押的期间不包括检测、检验、检疫或者技术鉴定的期间。检测、检验、检疫或者技术鉴定的期间应当明确，并书面告知当事人。检测、检验、检疫或者技术鉴定的费用由行政机关承担。

第二十六条 对查封、扣押的场所、设施或者财物，行政机关应当妥善保管，不得使用或者损毁；造成损失的，应当承担赔偿责任。

对查封的场所、设施或者财物，行政机关可以委托第三人保管，第三人不得损毁或者擅自转移、处置。因第三人的原因造成的损失，行政机关先行赔付后，有权向第三人追偿。

因查封、扣押发生的保管费用由行政机关承担。

第二十七条 行政机关采取查封、扣押措施后，应当及时查清事实，在本法第二十五条规定的期限内作出处理决定。对违法事实清楚，依法应当没收的非法财物予以没收；法律、行政法规规定应当销毁的，依法销毁；应当解除查封、扣押的，作出解除查封、扣押的决定。

第二十八条 有下列情形之一的，行政机关应当及时作出解除查封、扣押决定：

（一）当事人没有违法行为；

（二）查封、扣押的场所、设施或者财物与违法行为无关；

（三）行政机关对违法行为已经作出处理决定，不再需要查封、扣押；

（四）查封、扣押期限已经届满；

（五）其他不再需要采取查封、扣押措施的情形。

解除查封、扣押应当立即退还财物；已将鲜活物品或者其他不易保管的财物拍卖或者变卖的，退还拍卖或者变卖所得款项。变卖价格明显低于市场价格，给当事人造成损失的，应当给予补偿。

第三节 冻　　结

第二十九条 冻结存款、汇款应当由法律规定的行政机关实施，不得委托给其他行政机关或者组织；其他任何行政机关或者组织不得冻结存款、汇款。

冻结存款、汇款的数额应当与违法行为涉及的金额相当；已被其他国家机关依法冻结的，不得重复冻结。

第三十条 行政机关依照法律规定决定实施冻结存款、汇款的，应当履行本法第十八条第一项、第二项、第三项、第七项规定的程序，并向金融机构交付冻结通知书。

金融机构接到行政机关依法作出的冻结通知书后，应当立即予以冻结，不得拖延，不得在冻结前向当事人泄露信息。

法律规定以外的行政机关或者组织要求冻结当事人存款、汇款的，金融机构应当拒绝。

第三十一条 依照法律规定冻结存款、汇款的，作出决定的行政机关应当在三日内向当事人交付冻结决定书。冻结决定书应当载明下列事项：

（一）当事人的姓名或者名称、地址；

（二）冻结的理由、依据和期限；

（三）冻结的账号和数额；

（四）申请行政复议或者提起行政诉讼的途径和期限；

（五）行政机关的名称、印章和日期。

第三十二条 自冻结存款、汇款之日起三十日内，行政机关应当作出处理决定或者作出解除冻结决定；情况复杂的，经行政机关负责人批准，可以延长，但是延长期限不得超过三十日。法律另有规定的除外。

延长冻结的决定应当及时书面告知当事人，并说明理由。

第三十三条 有下列情形之一的，行政机关应当及时作出解除冻结决定：

（一）当事人没有违法行为；

（二）冻结的存款、汇款与违法行为无关；

（三）行政机关对违法行为已经作出处理决定，不再需要冻结；

（四）冻结期限已经届满；

（五）其他不再需要采取冻结措施的情形。

行政机关作出解除冻结决定的，应当及时通知金融机构和当事人。金融机构接到通知后，应当立即解除冻结。

行政机关逾期未作出处理决定或者解除冻结决定的，金融机构应当自冻结期满之日起解除冻结。

第四章 行政机关强制执行程序

第一节 一般规定

第三十四条 行政机关依法作出行政决定后，当事人在行政机关决定的期限内不履行义务的，具有行政强制执行权的行政机关依照本章规定强制执行。

第三十五条 行政机关作出强制执行决定前，应当事先催告当事人履行义务。催告应当以书面形式作出，并载明下列事项：

（一）履行义务的期限；

（二）履行义务的方式；

（三）涉及金钱给付的，应当有明确的金额和给付方式；

（四）当事人依法享有的陈述权和申辩权。

第三十六条 当事人收到催告书后有权进行陈述和申辩。行政机关应当充分听取当事人的意见，对当事人提出的事实、理由和证据，应当进行记录、复核。当事人提出的事实、理由或者证据成立的，行政机关应当采纳。

第三十七条 经催告，当事人逾期仍不履行行政决定，且无正当理由的，行政机关可以作出强制执行决定。

强制执行决定应当以书面形式作出，并载明下列事项：

（一）当事人的姓名或者名称、地址；

（二）强制执行的理由和依据；

（三）强制执行的方式和时间；

（四）申请行政复议或者提起行政诉讼的途径和期限；

（五）行政机关的名称、印章和日期。

在催告期间，对有证据证明有转移或者隐匿财物迹象的，行政机关可以作出立即强制执行决定。

第三十八条 催告书、行政强制执行决定书应当直接送达当事人。当事人拒绝接收或者无法直接送达当事人的，应当依照《中华人民共和国民事诉讼法》的有关规定送达。

第三十九条 有下列情形之一的，中止执行：

（一）当事人履行行政决定确有困难或者暂无履行能力的；

（二）第三人对执行标的主张权利，确有理由的；

（三）执行可能造成难以弥补的损失，且中止执行不损害公共利益的；

（四）行政机关认为需要中止执行的其他情形。

中止执行的情形消失后，行政机关应当恢复执行。对没有明显社会危害，当事人确无能力履行，中止执行满三年未恢复执行的，行政机关不再执行。

第四十条 有下列情形之一的，终结执行：

（一）公民死亡，无遗产可供执行，又无义务承受人的；

（二）法人或者其他组织终止，无财产可供执行，又无义务承受人的；

（三）执行标的灭失的；

（四）据以执行的行政决定被撤销的；

（五）行政机关认为需要终结执行的其他情形。

第四十一条 在执行中或者执行完毕后，据以执行的行政决定被撤销、变更，或者执行错误的，应当恢复原状或者退还财物；不能恢复原状或者退还财物的，依法给予赔偿。

第四十二条 实施行政强制执行，行政机关可以在不损害公共利益和他人合法权益的情况下，与当事人达成执行协议。执行协议可以约定分阶段履行；当事人采取补救措施的，可以减免加处的罚款或者滞纳金。

执行协议应当履行。当事人不履行执行协议的，行政机关应当恢复强制执行。

第四十三条 行政机关不得在夜间或者法定节假日实施行政强制执行。但是，情况紧急的除外。

行政机关不得对居民生活采取停止供水、供电、供热、供燃气等方式迫使当事人履行相关行政决定。

第四十四条 对违法的建筑物、构筑物、设施等需要强制拆除的，应当由行政机关予以公告，限期当事人自行拆除。当事人在法定期限内不申请行政复议或者提起行政诉讼，又不拆除的，行政机关可以依法强制拆除。

第二节　金钱给付义务的执行

第四十五条　行政机关依法作出金钱给付义务的行政决定，当事人逾期不履行的，行政机关可以依法加处罚款或者滞纳金。加处罚款或者滞纳金的标准应当告知当事人。

加处罚款或者滞纳金的数额不得超出金钱给付义务的数额。

第四十六条　行政机关依照本法第四十五条规定实施加处罚款或者滞纳金超过三十日，经催告当事人仍不履行的，具有行政强制执行权的行政机关可以强制执行。

行政机关实施强制执行前，需要采取查封、扣押、冻结措施的，依照本法第三章规定办理。

没有行政强制执行权的行政机关应当申请人民法院强制执行。但是，当事人在法定期限内不申请行政复议或者提起行政诉讼，经催告仍不履行的，在实施行政管理过程中已经采取查封、扣押措施的行政机关，可以将查封、扣押的财物依法拍卖抵缴罚款。

第四十七条　划拨存款、汇款应当由法律规定的行政机关决定，并书面通知金融机构。金融机构接到行政机关依法作出划拨存款、汇款的决定后，应当立即划拨。

法律规定以外的行政机关或者组织要求划拨当事人存款、汇款的，金融机构应当拒绝。

第四十八条　依法拍卖财物，由行政机关委托拍卖机构依照《中华人民共和国拍卖法》的规定办理。

第四十九条　划拨的存款、汇款以及拍卖和依法处理所得的款项应当上缴国库或者划入财政专户。任何行政机关或者个人不得以任何形式截留、私分或者变相私分。

第三节　代　履　行

第五十条　行政机关依法作出要求当事人履行排除妨碍、

恢复原状等义务的行政决定,当事人逾期不履行,经催告仍不履行,其后果已经或者将危害交通安全、造成环境污染或者破坏自然资源的,行政机关可以代履行,或者委托没有利害关系的第三人代履行。

第五十一条 代履行应当遵守下列规定:

(一)代履行前送达决定书,代履行决定书应当载明当事人的姓名或者名称、地址,代履行的理由和依据、方式和时间、标的、费用预算以及代履行人;

(二)代履行三日前,催告当事人履行,当事人履行的,停止代履行;

(三)代履行时,作出决定的行政机关应当派员到场监督;

(四)代履行完毕,行政机关到场监督的工作人员、代履行人和当事人或者见证人应当在执行文书上签名或者盖章。

代履行的费用按照成本合理确定,由当事人承担。但是,法律另有规定的除外。

代履行不得采用暴力、胁迫以及其他非法方式。

第五十二条 需要立即清除道路、河道、航道或者公共场所的遗洒物、障碍物或者污染物,当事人不能清除的,行政机关可以决定立即实施代履行;当事人不在场的,行政机关应当在事后立即通知当事人,并依法作出处理。

第五章 申请人民法院强制执行

第五十三条 当事人在法定期限内不申请行政复议或者提起行政诉讼,又不履行行政决定的,没有行政强制执行权的行政机关可以自期限届满之日起三个月内,依照本章规定申请人民法院强制执行。

第五十四条 行政机关申请人民法院强制执行前,应当催告当事人履行义务。催告书送达十日后当事人仍未履行义务的,行政机关可以向所在地有管辖权的人民法院申请强制执行;

执行对象是不动产的，向不动产所在地有管辖权的人民法院申请强制执行。

第五十五条 行政机关向人民法院申请强制执行，应当提供下列材料：

（一）强制执行申请书；

（二）行政决定书及作出决定的事实、理由和依据；

（三）当事人的意见及行政机关催告情况；

（四）申请强制执行标的情况；

（五）法律、行政法规规定的其他材料。

强制执行申请书应当由行政机关负责人签名，加盖行政机关的印章，并注明日期。

第五十六条 人民法院接到行政机关强制执行的申请，应当在五日内受理。

行政机关对人民法院不予受理的裁定有异议的，可以在十五日内向上一级人民法院申请复议，上一级人民法院应当自收到复议申请之日起十五日内作出是否受理的裁定。

第五十七条 人民法院对行政机关强制执行的申请进行书面审查，对符合本法第五十五条规定，且行政决定具备法定执行效力的，除本法第五十八条规定的情形外，人民法院应当自受理之日起七日内作出执行裁定。

第五十八条 人民法院发现有下列情形之一的，在作出裁定前可以听取被执行人和行政机关的意见：

（一）明显缺乏事实根据的；

（二）明显缺乏法律、法规依据的；

（三）其他明显违法并损害被执行人合法权益的。

人民法院应当自受理之日起三十日内作出是否执行的裁定。裁定不予执行的，应当说明理由，并在五日内将不予执行的裁定送达行政机关。

行政机关对人民法院不予执行的裁定有异议的，可以自收到裁定之日起十五日内向上一级人民法院申请复议，上一级人民法院应当自收到复议申请之日起三十日内作出是否执行的裁定。

第五十九条 因情况紧急，为保障公共安全，行政机关可以申请人民法院立即执行。经人民法院院长批准，人民法院应当自作出执行裁定之日起五日内执行。

第六十条 行政机关申请人民法院强制执行，不缴纳申请费。强制执行的费用由被执行人承担。

人民法院以划拨、拍卖方式强制执行的，可以在划拨、拍卖后将强制执行的费用扣除。

依法拍卖财物，由人民法院委托拍卖机构依照《中华人民共和国拍卖法》的规定办理。

划拨的存款、汇款以及拍卖和依法处理所得的款项应当上缴国库或者划入财政专户，不得以任何形式截留、私分或者变相私分。

第六章 法律责任

第六十一条 行政机关实施行政强制，有下列情形之一的，由上级行政机关或者有关部门责令改正，对直接负责的主管人员和其他直接责任人员依法给予处分：

（一）没有法律、法规依据的；

（二）改变行政强制对象、条件、方式的；

（三）违反法定程序实施行政强制的；

（四）违反本法规定，在夜间或者法定节假日实施行政强制执行的；

（五）对居民生活采取停止供水、供电、供热、供燃气等方式迫使当事人履行相关行政决定的；

（六）有其他违法实施行政强制情形的。

第六十二条 违反本法规定，行政机关有下列情形之一的，由上级行政机关或者有关部门责令改正，对直接负责的主管人员和其他直接责任人员依法给予处分：

（一）扩大查封、扣押、冻结范围的；

（二）使用或者损毁查封、扣押场所、设施或者财物的；

（三）在查封、扣押法定期间不作出处理决定或者未依法及时解除查封、扣押的；

（四）在冻结存款、汇款法定期间不作出处理决定或者未依法及时解除冻结的。

第六十三条 行政机关将查封、扣押的财物或者划拨的存款、汇款以及拍卖和依法处理所得的款项，截留、私分或者变相私分的，由财政部门或者有关部门予以追缴；对直接负责的主管人员和其他直接责任人员依法给予记大过、降级、撤职或者开除的处分。

行政机关工作人员利用职务上的便利，将查封、扣押的场所、设施或者财物据为己有的，由上级行政机关或者有关部门责令改正，依法给予记大过、降级、撤职或者开除的处分。

第六十四条 行政机关及其工作人员利用行政强制权为单位或者个人谋取利益的，由上级行政机关或者有关部门责令改正，对直接负责的主管人员和其他直接责任人员依法给予处分。

第六十五条 违反本法规定，金融机构有下列行为之一的，由金融业监督管理机构责令改正，对直接负责的主管人员和其他直接责任人员依法给予处分：

（一）在冻结前向当事人泄露信息的；

（二）对应当立即冻结、划拨的存款、汇款不冻结或者不划拨，致使存款、汇款转移的；

（三）将不应当冻结、划拨的存款、汇款予以冻结或者划拨的；

（四）未及时解除冻结存款、汇款的。

第六十六条 违反本法规定，金融机构将款项划入国库或者财政专户以外的其他账户的，由金融业监督管理机构责令改正，并处以违法划拨款项二倍的罚款；对直接负责的主管人员和其他直接责任人员依法给予处分。

违反本法规定，行政机关、人民法院指令金融机构将款项划入国库或者财政专户以外的其他账户的，对直接负责的主管人员和其他直接责任人员依法给予处分。

第六十七条 人民法院及其工作人员在强制执行中有违法行为或者扩大强制执行范围的，对直接负责的主管人员和其他直接责任人员依法给予处分。

第六十八条 违反本法规定，给公民、法人或者其他组织造成损失的，依法给予赔偿。

违反本法规定，构成犯罪的，依法追究刑事责任。

第七章 附 则

第六十九条 本法中十日以内期限的规定是指工作日，不含法定节假日。

第七十条 法律、行政法规授权的具有管理公共事务职能的组织在法定授权范围内，以自己的名义实施行政强制，适用本法有关行政机关的规定。

第七十一条 本法自2012年1月1日起施行。

后　记

新修订的《国内水路运输管理条例》(以下简称《条例》)已于2012年9月26日经国务院第218次常务会议审议通过,自2013年1月1日起实施。《条例》的颁布和实施,对于进一步规范国内水路运输经营行为,维护国内水路运输市场秩序,保障国内水路运输安全,促进国内水路运输业健康发展,将起到十分重要的作用。

为了更好地宣传《条例》,使地方各级人民政府、各级交通运输主管部门及有关部门、水路运输管理机构及有关机构、水路运输经营者和社会各界人士能够准确理解和把握立法精髓和内涵,了解和掌握《条例》中的各项制度,保证《条例》的顺利实施,国务院法制办、交通运输部直接参与《条例》起草、审核的人员共同编写了这本《国内水路运输管理条例释义》,对《条例》作了逐条解释和说明。

本书编写过程中得到了交通运输系统有关单位和人员的大力支持,特别感谢人民交通出版社为本书的高效、顺利出版付出的辛勤劳动。

本书力求权威、准确、详尽、通俗地逐条阐释《条例》的内容,但因时间和水平有限,不妥和疏漏之处在所难免,敬请读者批评指正。